京师外语学术文库

U0651084

教育部人文社会科学研究2008年度一般项目"语篇向心理论的发展及应用研究"
（项目号08JC740001）

中央高校基本科研业务费专项资金资助（2010年度北京师范大学自主科研基金资助项目）

语篇向心理论研究

A Study on Centering Theory in Discourse

王德亮　著

外语教学与研究出版社
FOREIGN LANGUAGE TEACHING AND RESEARCH PRESS
北京 BEIJING

图书在版编目 (CIP) 数据

语篇向心理论研究 / 王德亮著. — 北京：外语教学与研究出版社，2015.6
(2017.10 重印)
(京师外语学术文库)
ISBN 978-7-5135-6162-4

I. ①语… II. ①王… III. ①语言学–研究 IV. ①H0

中国版本图书馆 CIP 数据核字 (2015) 第 129808 号

出 版 人　蔡剑峰
责任编辑　付分钗
封面设计　覃一彪　孙敬沂
版式设计　付玉梅
出版发行　外语教学与研究出版社
社　　址　北京市西三环北路 19 号（100089）
网　　址　http://www.fltrp.com
印　　刷　北京九州迅驰传媒文化有限公司
开　　本　650×980　1/16
印　　张　14
版　　次　2015 年 6 月第 1 版　2017 年 10 月第 3 次印刷
书　　号　ISBN 978-7-5135-6162-4
定　　价　46.90 元

购书咨询：（010）88819926　电子邮箱：club@fltrp.com
外研书店：https://waiyants.tmall.com
凡印刷、装订质量问题，请联系我社印制部
联系电话：（010）61207896　电子邮箱：zhijian@fltrp.com
凡侵权、盗版书籍线索，请联系我社法律事务部
举报电话：（010）88817519　电子邮箱：banquan@fltrp.com
法律顾问：立方律师事务所　刘旭东律师
　　　　　中咨律师事务所　殷　斌律师
物料号：261620001

《京师外语学术文库》
总　序

　　为推动学科建设与发展，北京师范大学外国语言文学学院决定推出《京师外语学术文库》系列学术研究成果，包括专著和经过修改的高质量博士学位论文。

　　北京师范大学外国语言文学学院的前身是 1912 年建立的北京高等师范学校英语部。在过去近一个世纪的风雨历程中，她不断发展壮大，形成了今天在教学和科研两方面齐抓并重的学科特色，与北京师范大学建设"综合性、有特色、研究型世界知名高水平大学"的发展目标保持一致。

　　北京师范大学的外国语言文学学科在全国同行中位居前列。学院设有英文系、日文系、俄文系、公共外语教学部等教学单位，设有外国语言学研究所、外语教育与教师教育研究所、外国文学研究所、外语测试与评价研究所、比较文学与翻译所、日语教学研究所、翻译教学与研究中心等学术研究机构，另有一个校级科研机构——北京师范大学功能语言学研究中心。目前设有英语语言文学和俄语语言文学两个二级学科博士点、四个硕士点以及外国语言文学博士后科研流动站。

　　北京师范大学外国语言文学学院继承优秀的人文传统，发扬严谨求实的学风，与时俱进，开拓创新，以教学推动科研，以科研促进教学，教学科研双轨并行；每年除了派出师生出国访学进修或参加国内外学术会议外，还定期独立或联合召开各类学术研讨会；近年来获得各级各类科研项目和奖励数十项，在国内外重要学术刊物和出版社发表了大量研究著述。

　　北京师范大学外国语言文学学院矢志为我国外国语言文学学科的发展做出更多贡献。这里推出的正是为实现这一愿望所做的尝试。这套丛书初步拟定出版高水平学术专著 20 部左右，每批推出 3-5 部，逐渐形成规模和特色，首先重点推出北京市重点学科"英语语言文学"方面的建设成果。书稿主要来自我院教师的研究成果；内容涉及外国语言学及应用语言学、外国文学、翻译与文化研究、外语教育与教师教育诸方面。书稿遴选首先鼓励院内教师个人申请，然后递交院学术委员会审核，通过认可的稿件，送出校外聘请同行专家进行匿名评审；评审意见返回后，由院学术委员会根据评审专家的意见确定入选范围。

在这里，我们要衷心感谢各位匿名评审专家以及外语教学与研究出版社的大力支持，也恳请海内外同行给予更多关心和扶持。

《京师外语学术文库》编委会

2010 年 1 月

序

　　王德亮博士的专著《语篇向心理论研究》就要出版了，他要我写一个序言，近年来，我很关注计算语用学（computational pragmatics）的研究，对于语篇向心理论有兴趣，就欣然答应了。

　　我国语言学界在词法、句法和语义研究方面都已经取得了煌煌的成果，但在语篇的研究方面还比较薄弱，王德亮博士把他的研究重点放在语篇方面，我觉得是一个明智之举。

　　假设我们把若干个句法结构正确而且其语义也合理的语句任意地排列起来，例如，从《红楼梦》每一章中随机抽取一个句法和语义都正确的句子，把这些句子任意地列在一起，那么，能够说我们就获得了一个"语篇"（discourse）了吗？当然不是。原因在于将这些句子任意地列在一起并不能体现出句子之间的连贯性（coherence），所以，尽管每一个句子在句法和语义上都无懈可击，我们仍然感到不知所云。

　　我们来考虑一下英语中片段（1）和（2）之间的差别。

　　（1）John hid Bill's car keys. He was drunk.

　　（2）?? John hid Bill's car keys. He likes spinach.??

　　大部分人都会发现段落（1）很自然，而段落（2）就有些奇怪。为什么呢？在段落（1）中，John把Bill的汽车钥匙藏起来了，如果he was drunk中的he是Bill，而John是Bill的朋友，John为了保护Bill使他不至于因为醉酒开车而出车祸，所以，就把Bill的汽车钥匙藏起来了；如果he was drunk中的he是John，那么，很可能是由于John喝醉了而头脑不清楚，糊里糊涂地把Bill的汽车钥匙藏起来了，或者由于John喝醉了酒而想恶作剧，就把Bill的汽车钥匙藏起来了。所以，段落（1）显得很自然。

　　段落（2）中的两个句子也是组织良好且易于理解的，但将这两个句子并列在一起似乎出现了一些问题。听话人不能理解：藏起某人的车钥匙与喜欢菠菜究竟有什么关系？听话人对于段落中两个句子之间的连贯性产生了疑惑。

这时，听话人也可能构建一种解释使得片段（2）连贯起来。比如，听话人可以推测，He likes spinach 中的he是Bill，由于Bill喜欢菠菜，因而John想用菠菜来交换Bill被藏起的车钥匙，如果我们加上这样的上下文，就会发现片段（2）变得好理解了。为什么会如此呢？因为通过这个推测，允许听话人将John喜欢菠菜作为他藏起了Bill车钥匙的原因，这就可以解释为什么这两个句子可以连接在一起了。

在段落（1）中或者在段落（2）的新模式中，第二个句子为读者提供了第一个句子的解释或者原因。这些例子说明了一个连贯话语中的句子之间必须有语义上的联系，这样的联系通常叫做连贯关系（coherence relations）。

我们再来考虑下面的英语片段（3）和片段（4）：

（3）a. John went to his favorite music store to buy a piano.

b. He had frequented the store for many years.

c. He was excited that he could finally buy a piano.

d. He arrived just as the store was closing for the day.

（4）a. John went to his favorite music store to buy a piano.

b. It was a store John had frequented for many years.

c. He was excited that he could finally buy a piano.

d. It was closing just as John arrived.

尽管这两段文字的不同之处仅仅在于句子叙述两个实体（John和store）的不同方式，但（3）中的语篇从直觉上比（4）中的语篇更加连贯。这是因为（3）中的语篇明显地集中于一个个体John，描述了他的行为和感受。相比之下，（4）中语篇的中心（center）首先集中在John上，然后又集中在store上，再然后又回到John上，最后又回到了store上。由于"中心"频繁地变化，因而（4）中的语篇缺少（3）中的语篇的"连贯性"。

这些例子说明，一个连贯的语篇与在语篇中涉及到的实体之间必须表现出一定关系，并采用一种集中的方式来引导并跟进它们。这种连贯性叫做"基于实体的一致性"（entity-based coherence）。

1979年Joshi和Kuhn在日本东京的第6届国际人工智能会议上发表了Centered Logic: the role of entity centered sentence representation in natural language inferencing一文，首先关注到基于实体（entity）的一致性，提出

了"向心逻辑"（centered logic）的概念，接着，在1981年，Joshi和Weinstein又发表了Control of inference: role of some aspects of discourse structure–centering一文，进一步描述了"向心"（centering）的概念。1995年，Grosz, Joshi和Weinstein等人发表了Centering: a framework for modeling the local coherence of discourse一文，明确地提出了"向心理论"（Centering theory）。这种理论是用来分析语篇的，因此又叫做"语篇向心理论"。

语篇向心理论认为，在语篇中的任何给定点都有一个单独的实体作为"中心"（center），这个实体与被唤起的其他实体都有所不同，可以用来计算基于实体的一致性。

在语篇向心理论模型中主要跟踪记录了两种表示。以U_n和U_{n+1}表示相邻的语段。语段U_n的上指中心（backward looking center），以C_b（U_n）表示，代表在U_n被解释后，当前语段中所关注的实体。语段U_n的下指中心（forward looking center），以C_f（U_n）表示，形成一个包含U_n中提及实体的有序列表，列表中所有实体都可以作为后面语段的C_b。实际上，C_b（U_{n+1}）被定义为U_{n+1}提及的列表C_f（U_n）中级别最高的元素，最高级别的下指中心称为C_p，即最优先的中心（preferred center）。语篇向心理论还提出了一套规则和制约条件，从而阐明了导致语篇连贯性差异的诸多因素。

采用语篇向心理论，可以对于语篇中基于实体的一致性进行有效的解释。目前，语篇向心理论已经在自然语言处理和作文自动评分中得到广泛的应用，成为了一种独具特色的语篇分析理论。

王德亮在读博士期间，就被语篇向心理论中精巧的理论框架、严谨的推算法则、强大的解释力深深地吸引了，他把自己多年潜心研究语篇向心理论的心得整理出来，写出了这本《语篇向心理论研究》。

我怀着极大的兴趣通读了这本专著，觉得本书具有以下特色：

第一，介绍全面：本书介绍了语篇向心理论的基本概念、理论背景、参数化研究、普遍性研究以及扩展研究，使读者对于语篇向心理论获得完整的认识。

第二，关注交叉：本书关注语篇向心理论与关联理论（relevance theory）、优选论（optimality theory）、博弈论（game theory）的交叉研究，拓广了语篇向心理论的研究视野。

第三，面向应用：本书力图把语篇向心理论应用于回指消解（anaphora resolution）、自然语言生成（generation of natural language）、作文自动评分（automated essay scoring）等领域中，显示了语篇向心理论的应用价值。

我相信，本书的出版不仅有助于我国语言学界对于语篇本体的理论研究，而且也有助于我国计算语言学界对于语篇自动处理的应用研究。

冯志伟

2014 年 12 月 15 日

于杭州钱塘江畔

前　言

　　当我首次接触向心理论（centering theory）之时，我就被向心理论那精巧的理论框架、严谨的推算法则、强大的解释力深深地吸引住了。在多年的研究之后，我产生了要写一本关于向心理论的专著的想法。一方面，可以了却我多年的心愿，对我前一个阶段的研究做一个总结和深化；另一方面，可以整理一下关于向心理论的相关研究，作为一个完整的理论研究呈现出来，毕竟，向心理论是一个关于语篇研究的小众理论，国内专门的研究者不太多。通过全面整理向心理论的文献，希望引起更多学者的注意，便于更多的研究者投身其中。

　　全书共分三大部分，第一部分是向心理论的本体研究，主要介绍向心理论的基本概念、理论背景、参数化研究、普遍性研究以及向心理论的扩展研究。第二部分是关于向心理论的交叉研究，分别介绍向心理论如何与关联理论、优选论、博弈论相结合。第三部分是关于向心理论的应用研究，如何把向心理论具体应用到实践领域，如自然语言处理中的回指消解、自然语言生成以及如何基于向心理论改善作文自动评分系统。

　　向心理论是由美国语言学家和认知科学家在20世纪末发展起来的关于语篇处理和语篇局部结构的理论。根据向心理论，语篇是由许多语篇片段构成，每个语篇片段都体现为语篇模型的一部分。中心（center）是指组成语篇片段的语句中的语义实体，它们是语篇模型的一部分。中心又有上指和下指之分。下指中心（forward-looking center，简称Cf），是指某一中心有可能成为下一语段所涉及的中心，所有的中心都有这种可能，所以一个语句的所有的中心都是下指中心。Cf中有一个特殊的成员，它可以与上文所提到的实体发生联系，被称为上指中心（backward-looking center，简称Cb）。Cb（U_i，D）是指语句U_i最关注的语篇实体，类似于其他文献中的"主题"或"主位"。上指中心Cb可以把当前语句与前面的语篇联系在一起。下指中心根据语篇凸显性排列起来，排在最靠前的成员，被称为优选中心Cp（preferred center），Cp是下一句关注的中心，通过Cp，我们可以预见下一句的Cb，有时候Cp也是前一句的Cb，但这不是必需的情况。区分指向上文的Cb和指向下文的Cp是向心理论的一个重要内容，另外向心理论还包括一套规则和制约条件。

向心理论出现后，引起了人们的极大兴趣，并被广泛地运用于语篇分析、语篇的计算机处理和句法分析等研究领域（苗兴伟 2003）。向心理论是比较新的语篇分析理论，它从认知的角度来分析语篇，这一理论出现后，引起了语言学家、认知科学家和计算科学家的广泛关注，许多研究者投身于这个领域的研究，并且已经取得了可喜的研究成果。但是，总的来说，向心理论还不完善，虽然有了阶段性的研究成果，但仍然还有很多有价值的问题值得进一步探讨。到了二十一世纪，关于向心理论的研究更加火爆，据我们的粗略统计每年都有多篇关于向心理论研究的论文在学术刊物上发表。有关语篇处理、回指消解和自然语言处理的学术会议都有关于向心理论的专题讨论。但遗憾的是，目前国内关于向心理论的研究还未形成规模。

目前，关于向心理论的研究主要有三大发展方向：第一，关于向心理论本身的研究，包括理论探讨、理论框架的修整、向心理论参数的设定；第二，关于向心理论的交叉研究，如向心理论与关联理论、向心理论与优选论、向心理论与博弈论等等；第三，关于向心理论的应用研究，向心理论本来就是作为语篇处理的计算模型而提出的，所以它可以被应用于自然语言处理（Natural Language Processing）和自然语言生成（Natural Language Generation），焦点集中于回指消解（anaphora resolution）和回指生成（anaphora generation）。

语篇向心理论的研究具有重大的理论意义和实践意义：

首先，向心理论是语言学家和认知科学家共同创立的，但是它被提出之后，立即引起了计算科学家们的关注。从这一层面上讲，向心理论是很典型的交叉学科研究的理论，它具有明确、完整的理论框架和理论模型，向心理论的研究对于推动语言学理论、认知科学理论和计算科学理论的发展都具有重要的理论意义。

其次，向心理论已经被广泛地应用于实践。比如，仅举一例，向心理论最大的优点是它只依靠句子的表层信息，而不需要大量的百科知识来消解回指，更容易在计算机系统上实现，所以，它一直作为回指消解的主要算法之一（Yamura-Takei，et al. 2001）。

再次，向心理论是作为一种普遍理论提出的，可以被应用于多种语言（Walker et al. 1994；Grosz，et al. 1995；Manabu & Kouji 1996），向心理论的研究有利于发掘语言的共性，促进跨语言研究的发展。到目前为止，向心理论已经被应用于英语、德语、土耳其语、日语和意大利语的研究之中，但汉语在这方面的研究还不多，也不够深入。所以，本书也涉及对汉语向心特征的考察，这对于推动中文信息处理的发展也有不同寻常的意义。

在本研究中，我们旨在以向心理论为核心，研究与向心理论相关的理论问题和应用问题，对向心理论进行进一步的探索。

首先，我们研究了与向心理论本身相关的理论问题，在这方面获得两大突破：向心理论的参数化问题和向心理论的普遍性问题。根据Poesio et al.（2004），向心理论被认为是一种参数化理论，因为即使在向心理论的核心论文（如，Grosz，Joshi and Weinstein 1995）中，对于一些核心概念如"语句"、"前一句"、"排序"、"实现"等都没有明确的算法，这就导致了一些问题的发生，比如，如果"语句"界定不清的话，我们有时就无法确定有些回指（anaphora）到底是句内回指还是句间回指。所以，向心理论的这一特征使得研究者如果想研究与向心理论有关的问题的话，必须首先确定其中的参数，但是不同的研究者有不同的研究目的，因此就会做出不同的界定，使得关于向心理论的参数界定非常混乱。在我们研究中，我们试图提出一个统一的参数化标准，便于将来向心理论的应用研究。

向心理论是作为一种普遍理论提出的，把向心理论应用于不同的语言时，引起人们注意的最大问题是Cf排序如何因语言而异，为了寻找各种语言中对Cf排序有影响的诸多因素，研究者提出了许多有趣的建议。最初的向心理论模型是基于英语语料构建的，研究者认为在英语中语法角色和代词化是Cf排序的相关因素。然而，英语是一种语序固定的语言，所有的代词形式都是显性的，很难区分Cf排序到底是依据语法角色，还是依据语篇实体在语句中实现的线性顺序。而有些语言，比如，土耳其语，既有显性代词形式，又有隐性代词形式，并且是语序自由语言。那么在这些语言中，线性顺序就不能作为排列隐性语篇实体的依据了。在本研究中，我们重点考察Cf排序在汉语中的表现情况。我们认为在对汉语的描述中，除了主语和宾语的语法关系外，还有"主题"的概念；这是汉语句子结构最突出的特征之一，也是把汉语同其他语言区分开的特征之一。汉语无严格意义上的形态，没有格的制约，所以想到或看到什么，都可以将其作为话题先提出来，然后再对其进行说明，这样就形成了主题句。主题位置上的语义实体的凸显性一般来说是最强的。因此，主题位置上的语义实体在Cf排序中应该排在首位。除了主题之外，汉语也像英语一样，Cf排序也受语法角色的影响，即：在主语位置上实现的语义实体的凸显性要高于在宾语位置上实现的语义实体，后者又高于在从句中实现的语义实体或起其他语法功能的语义实体。综合以上观察，我们总结出汉语的Cf模板应该为：主题 > 主语 > 直接宾语 > 间接宾语 > 其他。

其次，本研究还涉及向心理论的应用问题，目前向心理论主要有三大应用领域：自然语言处理、自然语言生成和写作教学。

在自然语言处理领域，我们重点研究的是向心理论与回指消解。回指消解是指为回指语确定其所指（referent）的过程（Hirst 1981）。它一直以来就是自然语言处理发展的主要障碍之一（Mitkov 2001）。然而，回指消解研究是一项富有意义的工程，对包括机器翻译（machine translation）、自动文本概要（automatic abstracting）、信息提取（information extraction）在内的诸多自然语言处理的应用具有重大作用。近20年来，回指消解受到了格外的关注，大多数计算模型和实现技术都是这一时期出现的。向心理论是一种语篇理解的计算模型，它可以考察注意状态、指称形式和推理过程的控制之间的相互关系，因其简洁、易处理，一直作为回指消解的主要算法之一（Yamura-Takei, et al. 2001）。我们运用向心理论来探索回指消解，提出了针对汉语回指消解的算法。

随着向心理论的发展，它也被应用于自然语言生成领域，尽管向心理论主要是在自然语言理解的大环境下发展起来的，主要目的是回指消解。自然语言生成的研究者早已开始了把向心理论应用于篇章设计（Text Planning）（Chen MS）、句子设计（Sentence Planning）（Mittal et al 1998）以及指称方式的选择（Dale 1992）的研究。在我们的研究中，我们重点介绍了如何运用向心理论的规则和制约来生成连贯的语篇。

向心理论是关于语篇局部连贯的理论，它体现了语篇连贯的倾向性和理想状态。而这样的理想状态无论是自然语言处理还是自然语言生成都可以把它作为衡量语篇的标准。向心理论反映了人们的认知特点和规律，比如，处于焦点空间的中心，其语言表现形式应该是简约的，故应该体现为代词或零形式。这样的认知规律具有普遍性，自然语言处理和自然语言生成都可以把它作为一种参照。

在写作教学方面，我们重点关注的是如何把向心理论运用于学生作文自动评分系统建设中。在写作教学中，教师面临的一个棘手的问题是作文评分，如果学生数量过大的话，教师的负担会非常重，因此目前有许多研究者正致力于开发作文自动评分系统，让电脑分担教师的任务。在这种评分系统中，我们可以利用向心理论有关转换状态（transition state）的理念，提高评分的科学性。向心理论的转换状态理念可以明确清晰地衡量句与句之间的连贯性，从而可以衡量整篇文章的连贯性。可以弥补评分系统的不足，比如，有些学生作文虽然没有语法错误，但论述分散，无核心，属于欠连贯语篇，评分系统无法检测这类错误。

本研究综合使用理论与实证相结合的方法。第一步是理论推导，在原有理论的基础上，做新的演绎推理，在理论与新的语言现实不一致的情况下，我们修正了原有理论框架，提出解释力更强，实用性更强的理论框架。之后，在具体的应用研究中，我们从现代汉语语料库中选用了一些真实语料做实证研究，以验证新的理论模型的合理性。

迄今为止，世界上关于向心理论的专著还不多见。现存的资料中只有1998年出版的一本专题会议论文集和其他一些零散的论文。在国内，关于向心理论的研究也不多见，所以，如果我们能够在这一领域做出一点点贡献的话，我们觉得这也是非常有意义的。

本研究成果的去向和使用范围主要有以下三个方面：

一、可用于自然语言处理的相关研究中，如机器翻译、信息检索、文本摘要、人机对话等有关人工智能的研究。

二、可用于计算机辅助语言教学，尤其是用于改善作文评分系统。

三、可用于汉语认知语篇学和计算语篇学的理论建设。

目录

第一部分　向心理论的本体研究

第三部分　向心理论的应用研究

第一部分
向心理论的本体研究

第一章　向心理论概论

　　向心理论（centering theory）（Grosz，Joshi and Weinstein 1983，1995；Walker，Joshi and Prince 1998a）是关于语篇局部连贯（local coherence）的理论模型。此理论对语篇连贯进行了形式化模拟，提出了一套完整的规则和制约条件，因其简洁、易操作、易处理，非常具有吸引力。自被提出之日起，向心理论就引起了多方面研究者的关注，包括语言学家、认知科学家和计算科学家。国内一些学者也进行了向心理论的相关研究（苗兴伟 2003；王德亮 2004；熊学亮，翁依琴 2005；许余龙 2008等等）。

1.1　向心理论的主要内容

　　向心理论是表现语篇语义概念凸显性（salience）运行机制的模型。其核心概念是中心（center），但它界定的中心与别的文献的界定不同。它把语篇中的所有语义实体[1]（semantic entity）都称为"中心"。一个语句中所有的中心都有可能成为下一句所关注的焦点，它们都被称为下指中心（forward-looking center，简称Cf），下指中心的集合，记作Cf（U_i，D）[2]。Cf中有一个特殊的成员与上文所提及的某个实体存在某种联系，被称为上指中心（backward-looking center，简称Cb）。Cf根据语篇凸显性可以进行排序，排在最靠前的成员，即最凸显的成员，被称为优选中心Cp（preferred center），Cp最有可能成为下一句的焦点。区分指向上文的Cb和指向下文的Cp是向心理论的一个重要内容，另外向心理论还包括制约条件和规则。

---

[1] 语义实体是指为语篇贡献语义概念的语句中的名词或相当于名词的结构所体现的实体。

[2] Cf（U_i，D），表示语篇片段D中的语句U_i中所有的语篇实体的集合。

制约条件：

对于由语句U_1……U_m组成的语篇片段D中的每一个语句U_i：

1）只有一个上指中心Cb（U_i，D）。

2）下指中心集合Cf（U_i，D）中的每一个成分都必须在U_i中实现（realize）。

3）上指中心Cb（U_i，D）在U_i中所实现的下指中心的集合Cf（U_{i-1}，D）中凸显性最高。

向心理论还包括两条规则：

对于由语句U_1……U_m组成的语篇片段D中的每一个语句U_i：

1）如果Cf（U_{i-1}，D）中的某个成分在U_i中实现为代词，那么Cb（U_i，D）也实现为该代词。

2）过渡状态（transition state）按一定的顺序排列，延续（continue）过渡优于保持（retain）过渡，保持过渡优于流畅转换（smooth-shift）过渡，流畅转换过渡优于非流畅转换（rough-shift）过渡。

语句U_{i-1}与下一个语句U_i之间过渡方式的划分基于两个因素：U_{i-1}与U_i中的Cb是否相同；U_{i-1}中的Cb是否与U_i中的Cp相同，即：

（1）Cb（U_1）= Cb（U_{i-1}），或 Cb（U_{i-1}）= [？]

（2）Cb（U_1）= Cp（U_i）

（其中Cb（U_{i-1}）=[？]表示Cb（U_{i-1}）不存在的情况，比如在语篇的开始。）

过渡状态的定义可归纳如下（Brennan，Friedman & Pollard 1987）：

	Cb (U_i) = Cb (U_{i-1})，或 Cb (U_{i-1}) = [?]	Cb (U_i) ≠ Cb (U_{i-1})
Cb (U_i) = Cp (U_i)	延续	流畅转换
Cb (U_i) ≠ Cp (U_i)	保持	非流畅转换

向心理论的目的是阐述导致语篇连贯性差异的语篇处理因素。

1.2 向心理论对连贯性的解释

下面我们先从一个著名的例子谈起。

(1) a Jeff helped Dick wash the car.

b He washed the windows as Dick waxed the car.

c He soaped a pane.

(2) a Jeff helped Dick wash the car.

b He washed the windows as Dick waxed the car.

c He buffed the hood.

（转引自 Walker, Joshi and Prince 1998a）

单纯从语篇理解的语义理论或语用推理的角度看，例（1）和例（2）中的两个语篇在连贯性上似乎并没有多大差异。(1c）中的代词 he 回指 Jeff，因为 soaped 所表达的动作是 washed 所表达的事件的一部分；（2c）中的代词 he 回指 Dick，因为 buffed 所表达的动作与 waxed 所表达的事件有关。但是，从向心理论的角度看，例（1）中的语篇比例（2）中的语篇更为连贯。根据向心理论的制约条件、规则、下指中心的凸显性、过渡状态，例（1）和例（2）可以被标记为：

(1) a. Jeff helped Dick wash the car.

Cb= [?]；**Cf**={JEFF, DICK, CAR}；过渡状态=NO CB

b. He washed the windows as Dick waxed the car.

Cb=[JEFF]；**Cf**={JEFF, WINDOWS, DICK, CAR}；过渡状态=延续

c. He soaped a pane.

Cb= [JEFF]；**Cf**={JEFF, PANE}；过渡状态=延续

(2) a. Jeff helped Dick wash the car.

Cb= [?]；**Cf**={JEFF, DICK, CAR}；过渡状态=NO CB

b. He washed the windows as Dick waxed the car.

Cb=[JEFF]；**Cf**={JEFF, WINDOWS, DICK, CAR}；过渡状态=延续

c. He buffed the hood.

Cb=[DICK]；**Cf**= {DICK, HOOD}；过渡状态=流畅转换

因为例（1b）和（1c）的Cb一直是Jeff，整个语篇片段中，Jeff的凸显性最高，认知处理的难度小，所以认知消耗小。但例（2）中，（2b）的Cb为Jeff，而（2c）的Cb则转换为Dick。Cb的转换则意味着认知处理的难度增大，认知负担和消耗都会增大。所以借助于向心理论，我们可以清楚明了地看出例（1）的连贯性比例（2）的连贯性强。

1.3 **向心理论的未解之谜**[1]

为了解决语篇回指与处理复杂性（processing complexity）和语篇宏观结构之间的关系，语言学家和认知科学家共同创立了向心理论（Centering Theory）（苗兴伟 2003）。向心理论从全新的视角来研究语篇，引起了众多研究者的兴趣。1993年5月，宾夕法尼亚大学认知科学研究院举办了向心理论研讨会，会后，Walker，Joshi和Prince整理了会议论文，并于1998年以《语篇向心理论》（Centering Theory in Discourse）为名结集出版。该书作为向心理论研究成果的第一部专题论文集，共收录了19篇论文，编者把这些文章围绕着向心理论的开放性问题进行编排。向心理论的开放性问题是未成定论的问题，值得进一步研究，在此，我们对这些问题进行简介。

1.3.1 向心理论中语句层面上的问题

第一个主题是关于语句的结构和表征如何影响向心理论的问题。向心理论讨论的语句层面上的问题主要包括：（1）使"实现"关系的定义更加具体；（2）确定英语和其他语言中影响Cf排序（Cf ranking）的因素；（3）把向心理论和语义表征理论结合起来；（4）确定把连续话语切分成向心理论可分析的语句的算法；（5）弄清向心理论在含有并列和从属结构的句子中如何运作。

Cote（第4篇）主要研究Cf排序问题。Cf排序在向心理论中扮演至关重要的角色，因为Cf（U_i）的排序决定了Cb（U_{i+1}）（制约条件3），也就决定了这两个语句之间的过渡状态。Cf排序对于测试规则（2）的运作也

---

1 本节主要内容曾作为一篇论文单独发表（王德亮，2005）

有直接影响。到目前为止，对于具体什么因素决定Cf排序，人们还不明确。Hudson-D'zmura（第5篇）研究了词汇语义与语篇结构之间的关系，目的是要弄清楚这些语言表征如何限制或控制推理过程。她认为控制（control）的概念为普遍语用原则提供了基础，基于控制的一套谓语可以分解意义，为事件结构（event structure）提供表征。她进一步谈到，英语中控制的概念抓住了我们对动作目的性的直觉，相当于日语中"移情"（empathy）的概念。Kameyama（第6篇）研究了把连续话语或自然书面语篇切分成向心理论可分析的语句的算法问题。话语切分一直都是自然语言处理（Natural Language Processing）中的难题。在自然语篇中，句号代表一个可能的语句切分，英语中有时候用连词"and"来连接从句（clause），那么是不是每个从句都可以被看做是向心理论可分析的语句呢？这个问题值得进一步探讨。

1.3.2 向心理论的语言普遍性

第二个主题是关于向心理论的规则和制约条件在语言普遍性中的地位问题。把向心理论应用于不同的语言时，最引起人们注意的问题是Cf排序如何因语言而异，为了寻找各种语言中对Cf排序有影响的诸多因素，研究者提出了许多有趣的建议。最初的向心理论模型是基于英语语料构建的，研究者认为在英语中语法角色和代词化是Cf排序的相关因素。然而，英语是一种语序固定的语言，所有的代词形式都是显性的，很难区分Cf排序到底是依据语法角色，还是依据语篇实体在语句中实现的线性顺序。而有些语言，比如，土耳其语，既有显性代词形式，又有隐性代词形式，并且是语序自由语言。那么在这些语言中，线性顺序就不能作为排列隐性语篇实体的依据了。

Di Eugenio（第7篇）考察了显性和隐性代词主语在意大利语中的作用，在以前的研究中，她提出在主语位置，显性和隐性代词的变化可以由向心理论的过渡状态来解释，在这里，她用一个自然语言语料库验证了以前提出的假设，进一步讨论了一些因素，比如，所有格和从句如何影响向心理论。Turan（第8篇）考察了隐性代词、显性代词、名词短语在土耳其语自然语篇中的分布情况，她提出土耳其语中的Cf排序与语序无关与语法关系或语义角色等级有关。Iida（第9篇）用一个日语报刊文章语料库测试了Walker，Iida和Cote（1994）提出的日语Cf排序规则：

（语法的或零形式的）主题 > 移情 > 主语 > 宾语 > 其他

她还考察了日语中更高一级的语篇结构与零代词的使用之间的相互关系。

1.3.3 向心理论在语篇处理模型中的作用

第三个主题是关于向心理论在语篇处理模型（Processing Models of Discourse）中的作用。这一主题下的三篇文章着重考察语篇处理、指称形式的选择和语篇连贯之间的相互关系。

Gundel（第10篇）尝试把Gundel，Hedberg和Zacharski（1993）提出的指称形式选择的理论和向心理论结合起来。Gundel，Hedberg和Zacharski的理论和向心理论对于自然语篇中代词和名词短语的分布和阐释做出了相似的预测，这两个理论是互补的。前者的适用范围更加广泛，涵盖了更广泛的指称形式和认知状态，后者提出了一个语义实体如何获取"激活"（ACTIVITED）和"处于焦点中"（IN FOCUS）的认知状态的具体的算法。Hudson-D'zmura和Tanenhaus（第11篇）通过在线连贯判断任务（on-line coherence judgment task）的实验验证了向心理论的处理原则。他们考察了语篇中代词和名词的使用情况，给出了四次实验的结果，实验结果是支持向心理论框架的。实验表明：作为Cb的有潜在歧义的代词比不作Cb的有潜在歧义的代词连贯性更强，判断的更快，因此在语篇结构的基础上前者可以立即做出一个暂时的阐释。Brennan（第12篇）认为向心理论可以作为一种发话者和受话者不断协调注意状态的策略，她回顾了以前以向心理论作为处理模型来研究语句理解和合成的相关工作，然后运用新语料着重研究了向心理论在处理语篇时的局部预测能力和向心理论与宏观语篇结构相互作用之间的关系。

1.3.4 信息结构和向心理论

第四个主题讨论信息结构和向心理论的关系问题。本主题下的四篇文章都是考察向心理论与标记信息结构的句子形式之间的关系。

Hoffman（第13篇）考察了在土耳其语中向心理论与发话者语序的选

择之间的相互影响。土耳其语是一种语序自由的语言，语序可以表达一个句子的信息结构，即语用概念，例如，主题、焦点和背景化。Hoffman认为向心理论和信息结构在语篇处理中起不同的作用，信息结构指导受话者通过本句的信息更新他的语篇模型，而向心理论可以把当前句和前文的语境联系起来。Hoffman的语料研究表明在土耳其语中，Cb一般出现在句首的主题位置，语序对Cf排序没有影响。Hurewitz（第14篇）通过基于语料库的研究，运用向心理论语句间的过渡状态原理来证明被动结构的语篇功能。她提出某些句子结构可以根据"向心性指数"（centrality index）来划分，向心性指数可以考察某种结构标记中的特定成分与前一句联系更紧密还是与下一句联系更紧密。Hurewitz比较了口头和书面被动句与其相对的主动句，发现被动结构的口头形式和书面形式有不同的用途，口头被动是高度连贯结构，它通常延续上一句的Cb，而书面被动通常转换中心。Grosz和Ziv（第15篇）考察了向心理论与英语和希伯来语中被称为"右向错位"（right dislocation）的句子结构之间的相互影响。他们认为"右向错位"是预先计划好了的话语（planned speech），它的功能是在标准的照应和语篇处理都不充分时组织语篇，找回且重新聚焦于一个以前处于中心位置的实体，或者转向一个在这种情景下唤起的语义实体。两种情况可以统一起来，它们的概念就是某个语义实体已经在语篇语境中出现，但是不够凸显，还不能保证代词的合法使用。Birner（第16篇）考察了向心理论与倒装结构的相互作用。Birner认为发话者的语句表达不同程度的凸显性，这一点可以通过向心理论中的Cf排序体现出来，运用向心理论来体现凸显性等级的语料库测试表明前置和后置成分所表示的信息在语篇的不同点上曾经被唤起过。最新提及的成分会出现在倒装结构中的前置位置上，所以前置成分表示的信息比后置成分的信息更加熟悉，前置成分通常作为语句的Cb，与先前的语篇联系起来。

1.3.5 语篇结构和向心理论

第五个主题是考察语篇结构与向心理论的关系问题。向心理论是作为一种可以把语篇片段中的注意焦点、照应形式选择和语句可感知的连贯联系起来的理论来表述的。此理论在表述时是以"在同一个语篇片段内"的语句为目标的，那么向心理论与宏观语篇结构如何相互影响呢？

向心理论在与宏观语篇结构的相互作用方面限定不够，这一事实，使得向心理论很难在扩展了的语篇中得到验证。扩展了的语篇可能包含多个语篇片段，但是向心理论的任何原则都不能用于跨越语篇片段边界的两个语句之中。另外，最近关于语篇切分的实证性研究表明发话者对于切分边界的具体位置可能意见不一，因为不同的发话者可能构建不同的心理表征，或者是因为切分是在细粒度（granularity）的不同层面上自然界定的。

Passonneau（第17篇）用量化语料来考察切分界线对向心理论的影响，她重点考察了局部语句处理与宏观语篇语境如何联系起来，以及向心理论如何与宏观语境相互影响来约束照应表达的表面形式的问题。Roberts（第18篇）给出了一个模型，可以把Grosz和Sidner的语篇结构理论和与Heim 和 Kamp的理论相关的语义阐释的动态理论整合起来。Roberts认为这种整合可以提供与向心理论相关的局部区域和有关凸显性概念的更为精细的特征，并且也能够抓住回指形式的逻辑限制。Walker（第19篇）也考虑了向心理论与Grosz和Sidner的语篇结构理论中的宏观结构如何相互影响的问题。Walker注意到向心理论是在语句的局部特征的基础上界定的，她认为把向心理论与宏观语篇结构整合起来的困难源于Grosz和Sidner的堆栈模型（stack model）的三个特征，她提出了另一个注意状态模型——贮藏模型（cache model），她认为用贮藏模型来代替堆栈模型，就可以避免一些问题。

1.4 结语

向心理论是比较新的语篇研究理论，它是由语言学家和认知科学家共同创立，从认知的角度来分析语篇的。这一理论出现后，被广泛地应用于语篇分析和自然语篇的计算机处理领域，并且取得了可喜的研究成果。但是，总的来说，向心理论还不完善，还有许多相关问题值得进一步探讨。

第二章 向心理论的概念基础

　　如果想深入理解向心理论，有必要先理解与之相关的基本概念。向心理论的最核心概念是"中心"（center），与此概念相关的基本概念有注意（attention）、焦点（focus）和凸显（salience）。向心理论的运行机制借助于指称（reference）体系来体现。向心理论的目的是考察语篇的连贯性。本章将着重介绍这些基本概念，为进一步的研究打下基础。

2.1　与中心相关的基本概念

2.1.1 注意

2.1.1.1 心理学的角度

　　在嘈杂的商场里，我们总是能够听到广播中的声音；面对人群，我们总是能够找到我们熟悉的身影；穿着亮丽衣服的人总是首先吸引我们的眼球，这是为什么呢。面对众多的认知客体，我们总是能够对其中一个或几个特征突出的对象产生"指向和集中"，这便是"注意"（attention）。

　　"注意"，是一个古老而又永恒的话题。俄罗斯教育家乌申斯基曾精辟地指出："注意是打开人们心灵的唯一门户，意识里的一切都必然要通过它。注意是一座门，凡是从外界进入心灵的东西都要通过它"（徐学俊，王文 2010：65）。

　　注意是心理（意识）活动对一定对象的指向和集中。人处于注意状态时，其心理活动总是指向于一定的对象：或者感知着某种对象，或者回忆着某件往事，或者沉思于某个问题，或者想象着某种形象。在某一瞬间内我们的心理活动有选择地朝向于一定的对象，就显示出通常所谓的注意状态。在注意时，不仅心理活动指向于一定的对象，而且还集中于一定的对象。注意的集中性可以用心理努力的程度来表示。这可以有两种情况：一是在同一时间内各种有关的心理活动共同集中于一定的对象；二是同一种心理活动不仅指向于一定的对象，而且维持着这种指向，使活动不断地深入下去。因此，无论是各种有关的心理活动的指向和集中或是同一种心理活动的指向和集中都是一个人的注意状态（章志光 2002）。

注意是心理活动的集中（concentration）与聚焦（focalization），是一种有选择性、转移性和可分解性的集中。注意的实质是它的选择性。除了选择信息外，与之相关的特征还包括集中性（concentration，排除无关刺激）、搜寻（search，寻找加工对象）、激活（activation，预备加工生理心理学研究对象）、定势（set，对特定刺激作出反应）以及警觉（vigilance，注意保持工程心理学研究对象）。注意的这些特征反映了注意的认知加工过程（丁锦红等 2010：34）。

注意是一种加工，它使个体在一大串刺激中能集中于相关信息，并且抑制无关信息的进一步加工。注意被认为是知觉加工的一个特征，这种知觉加工为更高次序的认知加工控制了可用信息的数量和质量。换句话说，注意是成功完成更复杂的认知加工的一个先决条件（Rothbart, Posner and Hershey 1995）。

注意在心理学发展过程中的地位也经历了波折。在实验心理学建立的早期，注意曾在心理学中占有重要的地位。冯特把注意看成知觉的一个方面，知觉由于注意而获得对外物的清晰观念；詹姆士（W. James）把注意看成意识的选择功能。然而行为主义把注意看成心灵主义的概念，认为在科学心理学中不应有注意的地位；格式塔心理学用神经系统中"场的力量"的概念代替了注意的概念，同样忽视了注意在人的心理生活中的重要作用。第二次世界大战期间和之后，注意又重新被人们重视起来。一方面是战争的需要，如军事通讯、雷达的信号检测问题等，监视雷达的士兵必须有良好的注意品质才能胜任这些任务。另一方面，认知研究表明，注意在人类认知活动中有重要作用，注意是人类信息加工的一个重要成分；没有注意的参加，信息的编码、存储和提取都将无法实现（丁锦红等 2010：34-35）。

注意有以下功能：

（一）选择功能：注意的基本功能是对信息进行选择，使心理活动选择有意义的、符合需要的并与当前活动任务相一致的各种刺激，避开或抑制其他无意义的、附加的、干扰当前活动的各种刺激。

（二）保持功能：外界信息输入后，每种信息单元必须通过注意才能得以保持，如果不加以注意，就会很快消失。因此，需要将注意对象的一项或部分内容保持在意识中，直到完成任务、达到目的。

（三）对活动的调节和监督功能：注意能使人及时觉察事物的变化，并调节自己的心理和行为以适应这种变化。注意的监督作用表现为能随时发现自己行动的错误，并对自己的心理、行为及时进行调整，对错误及时进行纠正（徐学俊，王文 2010：66）。

根据产生和保持注意时有无目的以及意志努力程度的不同，注意可分为无意注意、有意注意和有意后注意三种：

无意注意是指事先没有预定的目的，也不需要作意志努力的注意。无意注意是一种初级的、被动的注意。这种注意一般都能导致探索行为的出现，有利于人们正确地认识周围环境，但也容易造成人们分心。例如"万绿丛中一点红"、"鹤立鸡群"等都容易引起人们的无意注意。

有意注意是指有预定目的，需要作出一定努力的注意。由于它是受人的意识调节和支配的，所以，有意注意又叫随意注意。例如，当我们正津津有味地阅读小说时，上课时间到了，为了更好地完成学习任务，就努力把自己的心理活动从小说的内容转向并集中到老师所讲授的内容上，这种注意就是有意注意。

有意后注意是指有自觉的目的，但不需要意志努力的注意，也称为随意后注意，通常是有意注意转化而成的。例如在刚开始做一件工作的时候，人们往往需要一定的努力才能把自己的注意保持在这件工作上，但是在对工作发生了兴趣以后，就可以不需要意志努力而继续保持注意了，而这种注意仍是自觉的和有目的的。例如，人们熟练地阅读课文，熟练地骑车，熟练地打毛衣等活动的注意都是有意后注意（徐学俊，王文 2010）。

功能心理学派的创始人威廉姆·詹姆斯把注意力分为了主动注意力和被动注意力。主动注意力是自愿的。当你决定要对某事集中注意力时，你可能会对自己说："我必须集中注意力看书。"但没过几分钟，你会发现你的注意力已从课本上转移了。控制被动注意力的一个主要因素是动机。如果你在开长途车时感到饿了，你就会注意路边饭店的标志。如果你渴了，你就会注意路边的水池。第二个控制被动注意力的主要因素是刺激的变化，因为我们都会无意识地注意到新的刺激物。如安静时的电话铃响声会引起我们的注意。

心理学的注意理论在生活中应该得到重视和恰当地运用。有些教科书（也许是为了降低书价）把每一页都给填得满满的，密密麻麻的文字不但不能引起读者的注意，反而会阻碍读者的注意。事实上，注意理论的使用有着极为广阔的空间（汪福祥 2004）。

2.1.1.2 语言学的角度

随着认知语言学的兴起，注意在语言学研究中的地位越来越高。据Talmy介绍，涉及注意现象的语言研究课题包括话题和焦点、焦点注意（Focal attention）、活化（Activation）、原型理论、框架语义学、取相（Profiling）、指示中心（Deictic center）和注意窗等等（Talmy 2007）。

注意现象不仅可以用来解释句法结构，还可以用来解释众多的语言现象。它能使某个表达方式，或是它的表达内容或者是它所依赖的语境中的各个构成部分具有不同程度的显著度，这就是语言中的注意系统。Talmy一共归纳了50多个现象作为这个系统的构件，这些现象分布在表意的各个系统和各个层面（Talmy 2007）。

Talmy（2007）认为在语言系统中，不同等级的完型结构可以反映在语言的各个子系统上，它们由大到小分别是：语境>话题>涵义>意义>语音/句法，通常前面单位所表达的意义比起其后面的单位所表达的意义受到注意关注的程度更高。

认知语言学的研究表明，语言活动受一般的认知规律制约。注意是一种普遍存在的心理现象，在语言活动中也必然得到充分体现。

2.1.2 焦点

焦点有多重含义，它出现在多个学科领域中，如：在物理学（具体说是光学）中，焦点是指"平行光线经透镜折射或曲面镜反射后的会聚点"；在数学（具体说是几何学）中，焦点是指"某些与椭圆、双曲线或抛物线有特殊关系的点"；在一般的社会学中，焦点是指"事情或道理引人注意的集中点"，如"争论的焦点"。这里，我们重点介绍与语言研究相关的焦点概念。

即使在语言学领域，焦点到底是属于哪一范畴的概念，人们的观点并不一致，它与语音、词汇、句法、语用、篇章等关系都很密切，人们可以根据自己的需要来研究它，并利用它来解决相关的语法问题。

在语言中，焦点是指句子中具有以下特征的信息：新信息；具有高度交际兴趣；通常有重音标记；在英语中通常出现在句子后半部分，通常对于句子前半部分出现的预设信息进行补充。如下例（Crystal 1980；Quirk，et al. 1985）：

> Your books are on the *shelf*.
>
> It was *math* that gave him trouble.

英国语言学家韩礼德1967年首次将光学术语"焦点"（focus）引入语言学研究，用来指称句子中韵律凸显的部分。此后，焦点成为句法语义学的重要概念，被广泛应用于语法、语义研究。焦点按性质不同可以分为自然焦点和对比焦点。SVO型语言中自然焦点通常位于句末。强调或对比句子的其他成分也可以产生焦点，这种焦点被称为对比焦点。自然焦点和对比焦点都是就句子的某个成分是否为凸显成分来说的，是凸显成分则突出这个成分的意义，传达语义重心的侧重点，与语义重心并不完全等同（姚婷 2007）。在口语中自然焦点和对比焦点的基本表达手段是重音；书面语中自然焦点无需特殊表达，对比焦点可用标记词、特殊句式、语序以及上下文语义对比等方式表达（朱红 2010）。

焦点是语句的语义中心，是说话者期望传达的核心内容。焦点通常是通过语调定义的，在韵律上以一种凸显的方式表现出来，也就是如果某个词被重读，那么这个词或词组就是焦点。许多研究者认为，重音（声调的凸显）和话语上下文之间的联系是通过语句的焦点结构实现的（王丹，杨玉芳 2004）。

焦点是话语中的核心信息和重要信息，对焦点的理解是话语理解的关键。在口语中焦点可以通过重音表达，焦点和重音之间的关系在话语理解中具有重要作用，二者之间的关系影响词项和话语实体之间的映射过程（Bock and Mazella 1983）。

2.1.3　凸显[1]

凸显是认知心理学中的一个重要概念，是与任务目标相关的自上而下的优先选择解释机制（prioritizing selection）。事件相关电位（ERP）和功能磁共振成像（FMRI）研究为"凸显"提供了生理学依据。ERP实验发现，凸显项目呈现时，额叶-顶叶区（fronto-parietal regions）有明显的持续负波出现。FMRI实验表明，凸显项目会在顶叶上部出现较早的明显激活，反映了对凸显项目的编码或选择本身的操作偏向（武宁宁2001）。

1997年，以色列语言学家Giora提出层级凸显假设。凸显是知觉心理学的一个基本概念，是容易识别、处理和记忆的事物（沈家煊 1999：1）。越是凸显的事物，在人们认识中就越突出，跟它们建立心理联系也就越容易，通达等级就越高。在层级凸显假设中，凸显意义指"存储在心理词汇中的编码意义，可以直接从心理词汇中提取"（Giora 1999：31）。意义的凸显不仅在词或短语层次，还可以在句子层次。意义凸显因人而异且具有动态性。凸显意义不是有或无而是程度问题，从凸显意义到非凸显意义构成一个连续体。影响意义凸显度的主要原因有："使用频率、熟悉程度、常规性和典型性"（Giora 2003：10）。

认知语言学中，凸显就是对语言所传达信息的取舍和安排。Ungerer & Schmid（1996）认为凸显现象是人类主观认识的结果。语言表达是一种有动机的行为，表达者的心理观点及动机在一定程度上控制着语言结构的最终布局（王文斌，熊学亮 2008）。所以语言中某一成分的凸显/前景化取决于表达者的动机（申智奇2011）。

"凸显"作为一种基本的思维模式和认知方式受到了各个学派的广泛关注和认同，在认知语用学看来，它不但丰富了"意图"、"共识"等传统语用学关注的焦点问题，同时对于"自我中心"现象也具有很好的解释力（周红辉 2010）。

凸显系统涉及对特定含义、重要内容、主题、中心思想等的凸显或着重表达。突出功能一般由句法、语篇和非语言手段来实现。用于着重表达特定含义的手段主要是句法上的"分裂句"（cleft sentence）和语音

---

[1] 我们用"凸显"来指"salience"，但汉语文献中有很多学者用"突显"来译之。我们认为"凸显"更贴切，统一用此词来表示。

上的句子重读（sentence stress）。凸显重要内容可分为句内凸显和语篇凸显两个层次。句内的重点内容凸显的主要手段，除了分裂句型和前置以外，还有尾重（end weight）。尾重是依照词序和小句的主从关系来安排主次信息的手段。"在英语中，最重要的信息一般出现在句子末端。"（张振邦1982：854）。对语篇的要点、主题和中心思想的凸显主要由语篇强调手段来实现的。语篇强调手段是指从整个语篇、语篇的某一部分或段落的构成出发对语句进行恰当安排和调配，以便突出重点的手段（张辉松，赵琼2008）。

2.2 指称

2.2.1 指称的定义

在Halliday和Hasan（1976）的语篇衔接理论中，指称是一种主要的语法衔接手段。它指的是语篇中的某一语言成分与另一语言成分之间在意义上的相互解释关系。

指称也是语义学研究的主要内容。在语义学中，指称的含义有广义和狭义之分。语义学对指称的最基本定义是"词与词所表示的事物、行为、活动及属性之间的关系"（里查兹1992）。更概括地讲，指称就是指语言与其所代表事物之间的关系。既然指称是一种关系，那么就必然存在两个端点，一点是语言形式，另一点是它所代表的实体。从这一点出发，语言的所有形式都是指称的存在形式，如我们说的各个名词可以指示具体和抽象的现象，动词指示动作、过程、发展、变化，介词指示方位、处所、时间，等等（高彦梅2002）。

指称问题是语言哲学的一个基本问题。西方哲学家对专名和通名的指称问题的研究有相当悠久的历史。在语言哲学中，所谓指称（reference），主要指专名（proper name）和通名（general name）所指的对象，也包括限定摹状词（definite description）、非限定摹状词（indefinite description）以及语句所指的对象（闫坤如2008）。

现代指称问题的研究始于弗雷格，他从普通的名称入手，进而研究了词组、语句的涵义和指称问题，使得符号的指称问题成为哲学、逻辑学研究的一个专门问题。在弗雷格等语言哲学家的观点中，指称理论所研究解决的是语词与对象关系的问题，是在一定的语句、上下文或者语境中，我们的专名、词组、表达式如何准确地达到我们所希望意指的对象的问题（赵永坚 2006）。

2.2.2 指称的分类

在Halliday和Hasan（1976）的语篇衔接系统中，照应[1]是语篇中的某一成分和另一成分之间在指称意义上的相互解释关系。更确切地说，它是语篇中的指代成分（reference item）与指称或所指对象（referent）之间的相互解释关系。Halliday和Hasan（1976）把照应分为两大类：外指（exophora）和内指（endophora）。外指照应指的是语篇中某个成分的参照点不在语篇本身内部，而是存在于语境中。在语篇层面上，外指照应通过建立语篇与情景语境之间的联系来参与语篇的建构，但外指照应本身不能建立语篇上下文之间的衔接关系。只有内指照应才能构成语篇衔接关系。内指照应指的是语言成分的参照点存在于语篇上下文中。内指可以进一步分为回指（anaphora）和下指（cataphora）。回指照应指的是所指对象位于上文，即指代成分的指称位于指代成分之前；下指照应指的是所指对象位于下文，即指代成分的指称位于指代成分之后（苗兴伟 2001）。

根据不同的区分标准，指称的分类也有不同。根据指称词和所指对象的位置关系，Halliday和Hasan把指称分为外指和内指。从指称方式上来看，他们又把指称关系分为人称指称、指示指称和比较指称三种方式。从指称成分上来看，胡壮麟把指称分为人称指称、社会指称、时间指称、地点指称和语篇指称（蒋柿红，戈玲玲 2007）。

2.2.3 指称的研究视角

自Halliday和Hasan（1976）的语篇衔接理论问世以来，语篇指称的交际地位与作用越来越受到语言学界的关注，指称语的构建和选择成为专家学者的研究中心之一。语言学家分别从篇章、语用、功能认知和概念参照等方面对语篇指称现象进行研究并提出了各自的描写理论：Givon的"话语

---

1 照应是指称（reference）的另一译名。

连续模式";Fox的"语篇层级模式";Huang的语篇指称新格赖斯语用论；Matsui的桥接参照与关联；Ariel的"可及性分布模式"；Gundel的"已知状态等级序列"；Levinson的指称的语用与语法；Langacker的概念参照点理论；Jaszczolt的"指称表达的一元化方法"；Van Hoek的指称与概念构建；许余龙的"回指确认理论模式"；熊学亮的英汉前指现象比较；王义娜的"从可及性到主观性：语篇指称模式比较"等。这些理论研究从不同侧面揭示了语篇指称可及性的多种因素，表明指称的选择复杂性、语境多样性和认知动态性（徐立红，黄宁夏 2009）。

2.3 连贯

2.3.1 衔接与连贯

Hason（1964）的博士论文就把衔接作为主要研究对象，是她首次提出了"衔接"的概念（张德禄 2001）。其后，Halliday and Hason（1976）合作出版了《英语的衔接》一书，提出了著名的语篇衔接理论，这一理论对于系统功能语言学和语篇分析有着里程碑式的意义。Halliday和Hasan在《英语的衔接》中一共区分了五种类型的衔接手段：照应（reference）、替代（substitution）、省略（ellipsis）、连接（conjunction）、词汇衔接（lexical cohesion）。Halliday and Hason（1976：4）认为衔接是一种语义概念，是指存在于语篇内的语义关系，是使语篇成其为语篇的重要因素。

Halliday和Hasan的语篇衔接理论在学术界产生了很大的反响，有的进行了进一步研究，如哈桑（Halliday and Hasan 1985）和马丁（Martin 1992）；有的也从不同的角度提出了批评意见，比较集中的是语篇衔接在连贯中的作用问题，认为它不能保证语篇连贯，如维多逊（Windowson 1978）认为，衔接是一种言内行为，而连贯是言外行为，是由其语用功能决定的；而布朗和俞尔（Brown & Yule 1983：66）则把衔接看作一个形式概念，认为它与连贯没有关系；卡勒尔（Carrel 1982）也持这种观点（张德禄 2004）。

"连贯"作为术语是Widdowson（1973）提出的。Halliday和Hasan

（1976）虽没有提到连贯，而是用了语篇性（texture）一词，但是可以看出，语篇性和我们所理解的连贯是非常相近的概念。语篇的连贯标准以及如何连贯一直是话语分析的重大课题。

王宗炎在给胡壮麟（1994）所作序言中指出cohesion（王译为"词语连结"）和coherence（王译为"意思连贯"）是两个彼此不同但互相结合的东西，cohesion是词汇和语法方面的手段，coherence是采用这些手段得到的效果。

胡壮麟（1994：181）认为衔接（cohesion）与连贯（coherence）虽有相同的词根"cohere"，在内涵上有所不同。这也表现在形容词形式的不同，两词对应的形式分别为"cohesive"和"coherent"。衔接所实现的是语言的表层形式和陈述之间的关系，而连贯指交际行为之间的统一关系（Crystal 1985）。

对一个有意义的可接受的语篇来说，它在语言各层次（如语义、词汇、句法、语音等）的成分都可表现出某种程度的衔接，从而使说话人在交际过程中所欲表达的意图贯通整个语篇，达到交际目的。但在特殊情况下，语言成分之间的衔接并不能保证语篇的交际意图总是取得连贯；另一方面，衔接不太明显的语篇有时却是内容连贯的（胡壮麟1994：180）。

张德禄（2004）全面考察了语篇连贯的问题，最后总结出了以下图示：

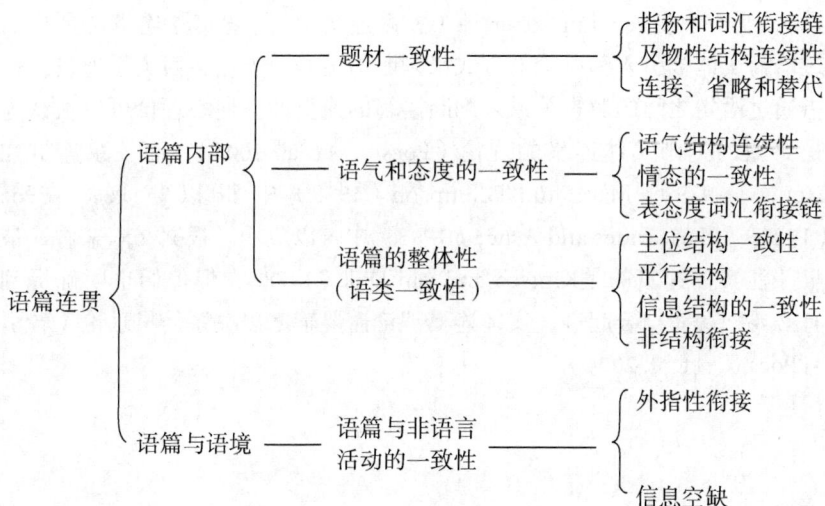

语篇连贯	**语篇内部**	题材一致性 → 指称和词汇衔接链及物性结构连续性 / 连接、省略和替代
		语气和态度的一致性 → 语气结构连续性 / 情态的一致性 / 表态度词汇衔接链
		语篇的整体性（语类一致性）→ 主位结构一致性 / 平行结构 / 信息结构的一致性 / 非结构衔接
	语篇与语境	语篇与非语言活动的一致性 → 外指性衔接 / 信息空缺

程晓堂（2005）根据功能语言学中语言的三大纯理功能提出了语篇连贯框架。在这个框架中，语篇的连贯性包括三个大的方面，即概念连贯、人际连贯和篇章连贯，其中每个方面又包含若干个具体的连贯特征。

Brown & Yule（1983）认为语篇的连贯性是听话人和读者在语篇理解过程中强加给语篇的效果。Stubbs（1983）也提出，是听话人的解释创造了语篇的连贯。Crystal（1987）指出，连贯是语篇中所表达的各种概念和关系必须彼此相关，从而使我们对语篇的深层意义进行合理的推理。Crystal（1992）将其定义为"为理解一段话语潜在的功能性的联系而假设的组织原则"。Van Dijk（1997）认为，连贯是话语的一种语义特征，它依赖的是每个单词的解释之间的关系。Hoey（2000）认为衔接是客观的，连贯带有主观性，对连贯的判断因人而异。

2.3.2 局部连贯与宏观连贯

根据Grosz and Sidner（1986）的语篇结构理论，每个语篇片断都展现两类连贯：局部连贯和宏观连贯。局部连贯是指片断内部语句之间的连贯；宏观连贯是指片断与片断之间的连贯。

2.3.3 实体连贯与关系连贯

研究语篇连贯，可以有两个视角：一种是entity-coherent（实体连贯），另一种是relation-coherent（关系连贯）。所谓实体连贯，是指通过语篇实体被引入和讨论的方式来判断语篇是否连贯；而关系连贯，是指通过语句之间的逻辑关系来判断语篇的连贯性。向心理论可以被认为是典型的刻画实体连贯的理论（Poesio, et. al. 2004）。而关系连贯在Hobbs（1979），Mann and Thompson（1988）中得以发展，在Fox（1987）和Lascarides and Asher（1993）中得以应用。根据文献来看，最早关注实体连贯的是Kintsch and van Dijk（1978），但他们也明确提到有必要把两者结合起来，实体连贯理论需要辅之以关系连贯理论（转引自Poesio, et. al. 2004）。

2.3.4 基于命题的连贯与基于实体的连贯

Oberlander，et al（1999）也区分了两类连贯：基于命题的连贯（proposition-based coherence）和基于实体的连贯（entity-based coherence）。前者存在于由RST关系联结的篇章段（text span）之间，这里RST关系不包括物体属性阐释关系；后者存在于与共享的实体相关的篇章段之间。基于实体的连贯体现了相邻命题之间的连贯，与Grosz和Sidner的理论中的局部连贯类似。

第三章　向心理论的理论背景

　　向心理论的最终成型得益于两方面的前期研究。一是Joshi，Kuhn和Weinstein的研究（Joshi and Kuhn 1979；Joshi and Weinstein 1981），二是Grosz和Sidner的研究（Grosz 1977；Sidner 1979；Grosz and Sidner 1986）。Joshi，Kuhn和Weinstein等人认为把语句意义与先前语篇意义结合起来需要一些推理（inference），他们正是把向心理论作为解释此推理复杂性的模型。Grosz和Sidner的创新之处是把语篇中的注意状态划分为两个聚焦层次：宏观聚焦和局部聚焦。本章将对这两方面的前期研究进行介绍，以便读者更深入地理解向心理论的理论背景。

3.1 Joshi, Kuhn和Weinstein的相关研究

3.1.1 推理复杂性

　　Joshi & Kuhn（1979）和Joshi & Weinstein（1981）的基本假设就是并非所有的推理都是相等的，也就是说，有些推理比其他推理容易一些。语篇中语句的结构与这种推理的复杂性密切相关（Joshi & Weinstein 1998）。

　　在现代逻辑发展之初，语言推理的效率问题已受到关注，如Frege（1879）所言：在日常语言中，词序中主语的位置有着特殊的意义，我们之所以把主语放到那里，是为了引导听话者的注意力。这也许是为了指明已知判断与其他判断的特定关系，以便听话者把握整个语境。在说话者脑中，主语通常是主要论元，在重要性上，排在其后的是宾语。通过自由选择语法形式，如主动-被动，或者特定词汇，如"重些"-"轻些"，"给予"-"收到"，日常语言允许句子的任何成分成为主要论元。

　　局部焦点的概念对所有的感知策略来说都是最核心的概念。所以，可以把语句的局部结构作为控制推理的手段。基本假设是，语篇中的句

子通常会从其主要谓词的所有论元中析出一个实体作为中心。中心的概念是一种语篇结构层面上的概念。中心可能映射到句子的主语上，但这不是必须的。中心的体现可以被看做是把这一特征归属于某个单一实体的过程，当然这一特征也可能与其他个体有关。

(1) John hit Bill.

(2) It is John who hit Bill.

(3) It is Bill whom John hit.

在例（1）中，John可能是这句话的中心。例（2）中，John的中心地位更加明确。但例（3）中，Bill是中心。（1）和（3）可以分别形式化表示为（4）和（5）：

(4) (John x) (HIT x Bill)

(5) (Bill y) (HIT John y)

在自然语言推理系统中，我们不仅要考虑做出什么推理，还要考虑这些推理是如何做出的，费多少力。基于以上的思考，Joshi & Kuhn（1979）提出了实体向心结构（entity centered structure，简写为ECS）的概念。ECS与一般的形式语言有着鲜明的区别（Joshi & Kuhn 1979），因为ECS会围绕一个中心实体进行表示，而一般的形式语言表示多个个体之间的关系，不会析出一个特定的个体。ECS使我们更容易看清句子的逻辑式，n元谓词看起来像是一元的，因为其他部分被暂时隐藏了。一个个体如果不是处于中心地位的话，它会被忽略，但是它也可以通过中心化被重新纳入考虑的焦点中。所以ECS影响某些推理的难度以及信息的重新获取，如我们已知：

(6) It was John who hit Bill.

回答"Who hit Bill?"比回答"Who did John hit?"更容易一些。

3.1.2 向心逻辑

众所周知，一元谓词逻辑中的推理比全谓词逻辑中的推理要简单得多。当然，一元谓词逻辑不能充分处理自然语言中的所有推理。然而，自然语言中的大量推理似乎可以按照处理一元谓词的方式进行。所以，关键问题就是如何给一元谓词逻辑增加一些机制，使之解释力增强，同时仍然保持其一元算子的风格。Joshi & Kuhn（1979）从以下角度进行了考察：（1）这些机制要能体现语言中推理机制的主要特征；（2）它们的形式特征要体现语篇构造的结构和功能。基于此，Joshi & Kuhn（1979）提出了向心逻辑（Centered Logic），为向心理论的成型提供了逻辑基础。

3.1.3 向心性与量词化

向心性还会影响量词的使用和理解，如：

(7) a. Everyone at the reception was thanked by John.

b. Mary was at the reception.

c. inference: (thank, John, Mary)

(8) a. John thanked everyone at the reception.

b. Mary was at the reception.

c. inference: (thank, John, Mary)

读者在理解（8c）时，比理解（7c）更加费力。为什么呢？因为在（7a）中，作为全称代词的"everyone"是中心，"Mary"是其中的一个个体。而（8a）中"everyone"没有在中心的位置上，不是中心。这句话中"John"是中心。从非中心化的全称代词中推导出个体比从中心化的全称代词中推导要困难一些。所以，只有当全称量词化的NP体现中心实体时，全称例示才能可行。同样，个体概括（existential generalization）也只能针对中心化的实体。那么，这里隐含的逻辑就是，禁用的量词可以通过变换中心或引入新的中心才可以被使用，当然，这样会导致推理复杂性的增加（Joshi & Weinstein 1998）。

3.2 Grosz和Sidner的相关研究

3.2.1 焦点与聚焦

3.2.1.1 即时焦点（immediate focus）和宏观焦点（global focus）

Grosz（1977）在其博士论文中探讨了对话的计算机理解中焦点的表征和使用。她认为要想让计算机系统理解语篇中的语句，计算机系统必

须像人一样具有语篇领域的知识。然而，即使非常简单的现实生活领域
中的问题，解决时必需的知识都非常庞杂，所以，如果基于知识的系统
不是选择性的使用的话，都会被压垮。这意味着关键的一点是要让系统
有能力把注意力集中在与特定情景相关的知识的子集上，即系统应该具
有捕捉焦点，利用焦点的运行规律，进行语篇理解的能力。下面，举例
说明焦点在对话语篇中的运行情况（ibid：2）：

(1) P1: I'm going camping next week-end. Do you have a two-person tent I could borrow?

(2) P2: Sure. I have a two-person backpacking tent.

(3) P1: The last trip I was on there was a huge storm.

(4) P1: It poured for two hours.

(5) P1: I had a tent, but I got soaked anyway.

(6) P2: What kind of tent was it?

(7) P1: A tube tent.

(8) P2: Tue tents don't stand up well in a real storm.

(9) P1: True.

(10) P2: Where are you going on this trip?

(11) P1: Up in the Minarets.

(12) P2: Do you need any other equipment?

(13) P1: No.

(14) P2: Ok. I'll bring the tent in tomorrow.

　　在此对话中，第1句引入焦点"野营"（camping）和需要一些设备（一
个帐篷），第2句的回答把某个特定的帐篷纳入焦点，第3句把焦点转换到
前一次野营。那次野营所用的帐篷[1]在第5句中被纳入焦点，并致使从第6
句到第9句的讨论中心围绕管式帐篷。在第10句中，焦点重新转回正在筹
划的这次旅途上。第12句把焦点转到这次旅途对设备的需要上。最后，
当"帐篷"（the tent）在第14句再次出现时，焦点中的唯一的"帐篷"是
在第2句中被首次提及的那个帐篷。

---

1 第5句中的"tent"和前面出现的"tent"的所指不同，这也是计算机回指消解时的一个难点。

焦点也会影响词汇含义的阐释。比如第5句中的"soaking"尽管有表示"向（某人）收取金钱或征收重税"的含义，但这里我们不会做此理解，因为本句的焦点是野营，"soaking"的含义应该是表示"浸透，湿透"。

第7句和第11句可以非常好地展示焦点的局部效应。前一句的焦点可以为阐释本句中的省略表达提供必要的信息。第7句"a tube tent"不是一个句法完整的句子，但它蕴含的信息可以充分回答上一句的疑问"What kind of tent was it?"。同样，第11句"up in the Minarets"离开此语境也是毫无意义，但紧跟在第10句之后，它就是完整的、可理解的陈述。

通过以上的分析，我们可以看到焦点在对话理解中的重要作用。Grosz（1977）对焦点进行了深入研究。焦点反映出对注意力（attention）在理解或推理过程中所起的重要作用的关注。一个人理解什么和如何理解受到他在某个特定时刻所思所想的直接影响，由他此刻注意力的趋向所决定。对语篇中语句的阐释有影响的注意力的"焦点"（focus）是由综合性的语境因素所决定的。事实上，所谓的"语句的语境"，其确切涵义是指把注意力导向语句所在语篇中受关注概念的各种限制的集合。上文的语言语境（即在此语句产生之前的语句）以及情景语境（此语句产生时的环境）都会影响此语句的阐述。对于一个对话来说，情景语境包括物理环境、社会环境以及对话参与者的关系。因此，Grosz（1977）所谓的焦点是指语境影响的综合效应。她根据焦点的影响范围把焦点划分为即时焦点（immediate focus）和宏观焦点（global focus）。一个语句的语言形式——包括其句法结构以及出现于其中的特定的词语——构成了即时焦点。即时焦点会影响语言形式的表征和后续语句的理解。比如，上例中即时焦点可以使第11句的省略表达"up in the Minarets"被理解为"We are going up in the Minarets on this trip"。

宏观焦点的影响更加持久，它不仅来自单个的语句，更重要的是来自整个语篇语境。语句阐释时的宏观焦点由综合因素决定，其中包括语篇的话题、语篇的特定形式、语篇产生时的语境以及语句在语篇中的位置。宏观焦点会影响到谈论什么、不同的概念如何被引入以及概念如何被指称（reference）。对上例第14句中的"the tent"的理解可以很好地解释宏观焦点对语言理解的影响。因为"the tent"的所指不仅没有出现在上一句，而且中间还穿插了其他的"tent"，要正确理解此"tent"具体是指哪一个，必须参照宏观焦点。

　　Grosz（1977）是利用任务结构（task structure）决定焦点的运行。这一任务模型可以决定语篇何时从一个焦点移向另一个焦点。基于此，多种照应表达都可以被完全消解。然而如果语篇中预先设立的框架不明显时，情况可能就不同了。

　　所有语篇似乎都有说话者熟知的框架。如果没有框架，说话者会很难决定他/她说了他/她想说的话。那么听话者就很难理解其中的照应表达，因为说话者的框架对听话者来说并不可用。听话者并不是总会有任务模型的预设框架，大多数情况下，听话者只有与焦点中的语篇因素相关的一般知识。有时，在简单语篇中，与焦点中的语篇因素相关的知识层级网络足以区分限定性名词短语的所指。然而，听话者利用其他的线索。如果限定性名词短语在表面上与焦点中的因素似乎不太相关，说话者经常可以依赖明晰准则（a maxim of perspicuity）把它们联系起来。听话者有时也会做出从一般意义来看并不一定正确的假设，但这些假设可以解释限定性名词短语和焦点中的因素之间缺失的联系。听话者也通过聚焦来判断限定性名词短语是否指向某些语篇没有提及的实体。

　　以上提到的照应消歧的这些方法似乎在很大程度上依靠听话者的臆测，当然，这些臆测是基于基本知识结构、焦点中的因素以及交际过程的本质的综合考虑。大部分的照应消歧仅仅依靠一般知识就可以解决。但是在比任务对话还模糊的目的语篇中，情况就不是那么明朗了。在这种情况下，因为说话者与听话者（包括主体是人和具有一定智能的计算机）的知识结构比任务计划的结构更大、更丰富，听话者的理解过程中对于实际完成了哪些语篇部分会做出更少的预测。如果说话者不暗示讨论的焦点已经转移，听话者很可能对于照应表达会做出误解。另外，由于听话者对于焦点中的因素的知识没有说话者那么多，可能无法获得某些隐晦的焦点关系，继而，无法解析某些照应表达。从以上的观察中，我们可以得出如下结论，如果进行照应消歧，必须考虑到知识网络中实际出现的特定知识，以及网络的具体形式。如果说话者明确指示出照应表达和焦点因素的联系，有些语篇更容易理解，相反，如果说话者把这种联系留给听话者，让听话者通过一般知识来理解，那么，语篇理解会更难、更慢、更容易出错（Sidner 1979）。

3.2.1.2 当前语篇焦点（current discourse focus）和潜在焦点（potential foci）

Sidner（1979，1981）在研究回指理解（anaphora comprehension）时也是借用了焦点和聚焦的运行机制，她的研究应该说是受到Grosz（1977）的启发和影响。但是她把此理论基础又往前推进了一步，她所提出的关于焦点和聚焦的理论已经具有了向心理论的朴素思想，为向心理论的最终成型奠定了坚实的基础。

Sidner（1981）所提出的回指消解的聚焦理论界定如下：在语篇的首句之后都会出现一系列焦点，这些焦点是代词共指的基本候选项，另外，对于每个焦点，还有一系列备用候选项，被称为潜在焦点（potential foci）。除非焦点候选项因不符合某些标准被排除掉，代词阐释者都会用它们来决定代词的最终所指。

以上聚焦模型隐含了两个处理假设：（一）顺序处理（serial processing），（二）句末处理（end-of-sentence processing）。"顺序处理"是指阐释者在阐释代词时会核查作为候选项的焦点，如果这个焦点不能被接受，他会依次核查其他备选项。"句末处理"是指代词只有在整个句子的句法和语义都被阐释之后才被最终消解。

下面举例说明焦点对于代词阐释的作用（Sidner 1981）。

(1) I have two dogs.

(2) (The) one is a poodle.

(3) The other is a cocker spaniel.

(4) The poodle has some weird habits.

(5) He eats plastic flowers and likes to sleep in a paper bag.

(6) It's a real problem keeping him away from plastic flowers.

(7) The cocker is pretty normal.

(8) and he's a good watch dog.

(9) I like having them as pets.

在第5和第6句中，说话者用代词"he"和"him"来表示the poodle

是eating flower的行为者和keep的宾语。说话者在提到第二只狗时用"the other"，然后在谓词形容词和不指向任何事件的谓词性名词结构中，他使用代词"he"。最开始，说话者注意的焦点是两只狗。

Sidner（1979，1981）对焦点和聚焦模型的研究主要目的是为回指消解服务，她基于焦点和聚焦模型提出了一套系统的回指消解规则和算法，并做了小范围的测试。

聚焦模型体现了Chafe（1976）所谓的前景化（foregrounding）效应。聚焦过程通过焦点可以说明代词的回指关系，焦点的运动可以说明新实体是如何被前景化和代词化的。

3.2.2 语篇结构理论[1]

Grosz 和 Sidner 在前人研究（Grosz 1978a，1978b，1981；Sidner and Israel 1981；Sidner 1983，1985；Allen 1983；Litman 1985；Pollack 1986）的基础上，提出了一套关于语篇结构的完整的理论体系，我们称之为语篇结构理论（Discourse Structure Theory，简称为DST）[2]。

根据DST，语篇结构是由三种不同但又相互关联的成分构成的，它们分别被称为语言结构（the linguistic structure）、意向结构（the intentional structure）和注意状态（the attentional state）。语言结构是指语句的序列结构，它包括由语句自然聚合而成的语篇片断（discourse segment）。意向结构是指语篇的目的（purpose）结构，它能反映在每个语言片断内以及语言片断关系中所表达的各种与语篇相关的目的。注意状态是指注意焦点（focus）的状态，它是对语篇参与者注意焦点的抽象。注意状态是动态的，它可以记录语篇任何一点上所凸显（salient）的对象、特性和关系。语篇结构的这三种成分分别处理语句的三个不同方面，DST对三大组成部分的区分可以对一些语篇现象提供充分的解释（Grosz & Sidner 1986）。

Grosz和Sidner的目的是建立一种语篇结构的计算理论，旨在服务于语篇处理。此理论为描述语篇中的语句处理提供了理论框架，语篇处理

---

1 此节内容曾作为一篇单独论文的一部分发表（王德亮，2008）。

2 Grosz和Sidner（1986）在研究中并没有明确使用这个术语，她们只是说"a theory of discourse structure"，汉语译名为"语篇结构理论"，这个名字有些歧义，因为它也可以泛指其他的有关语篇结构的理论，所以为了讨论的方便和特指Grosz和Sidner（1986）的理论，我们用DST来命名之。

时，需要识别语句如何聚合成语篇片段，识别语篇表达的意向和意向之间的关系，通过监控注意状态的运作机制来跟踪语篇的展开。这种处理描述可以确定来自语篇和语篇参与者的领域知识（knowledge of domain）的信息在识别任务中的作用。

下面我们对此理论所涉及的一些术语和概念做一介绍。

在DST中，ICP（initiating conversational participant）是指话语的发起者，OCP（other conversational participant (s)）指其他的话语参与者。ICP包括我们通常所说的说话者（speaker）和写作者（writer），OCP包括听话者（hearer）和读者（reader）。语篇片断（discourse segment）是指语篇的一部分，是由语句自然聚合而成，就像一句话中的单词会构成短语一样。语篇片断也像短语一样，在整个语篇中服务于某些特定的功能。尽管通常情况下，两个连续的语句处于同一个语篇片断之内，但是它们也有可能处于不同的片断内，而且不连续的语句处于同一个片断内也是可能的。

语篇自身的属性之一就是它具有目的性，语篇是要传达一定的信息，达到一定的目的的。语篇参与者在参与语篇时可能有不止一个目的，如：一个故事语篇在娱乐听话人的同时也在描述一个事件，辩论语篇既可以表现一个人的智慧，也可以让人相信某个观点是正确的。语篇有一个总的目的，语篇片断也有自己的目的，而且语篇片断的目的要服务于整个语篇的总的目的，DST分别用DP（discourse purpose）和DSP（discourse segment purpose）来指语篇目的和语篇片断的目的。还有两种在语篇结构中起重要作用的结构关系：控制（dominance）和优先满足（satisfaction-precedence）。满足于一个意向（标记为DSP1）的行为也可能部分满足另一个意向（DSP2）。如果是这种情况，我们可以说DSP1贡献于（contribute to）DSP2，反过来说，DSP2控制（dominate）DSP1，可以表示为：

DSP2 DOM DSP1

控制关系会引发DSP之间的部分排序，称之为"控制层级"（dominance hierarchy）。当DSP1必须在DSP2之前先行满足时，我们可以说DSP1优先满足于DSP2，可以表示为：

DSP1 SP DSP2

注意状态可以通过一系列的焦点空间（focus space）来模拟。焦点空间的变化通过一系列转换规则模拟出来。在任何某一时刻可用的焦点空间的集合称为"聚焦结构"（focusing structure），操控空间的过程称为"聚焦"（focusing）。注意状态包括两个成分：宏观的和微观的。宏观的成分模拟语篇片断间的注意状态的特性，微观的成分可以模拟片断内注意状态的变化。宏观注意状态就像是一个堆栈（stack），被称为"焦点空间堆栈"（focus space stack）。

焦点空间堆栈赋予每个语篇片断一个空间，每当这个空间被激活（activated），此片断包含的那些实体（entity）的表征（representation）就会进入凸显状态。堆栈关系代表了相对的凸显性（salience）。堆栈顶部的空间对应的是当前的语篇片断。顶部以下的空间对应的是嵌入当前语篇片断中的其他语篇片断，他们已经开始，但还没有完成。在堆栈中，位置越低，空间中实体的可及性就越小。这就表明，当前语篇片断中的实体的凸显性比其他嵌入的语篇片断（即在堆栈中位置较低的语篇片断）中的实体凸显性高。当一个语篇片断完成，它所对应的空间就从堆栈中弹出（pop），其中聚焦的实体的可及性就会变小，除非它们还处于堆栈中的其他空间中。

下面以图说明，请看图1，图2，和图3。

语篇片段	焦点空间堆栈	控制层级

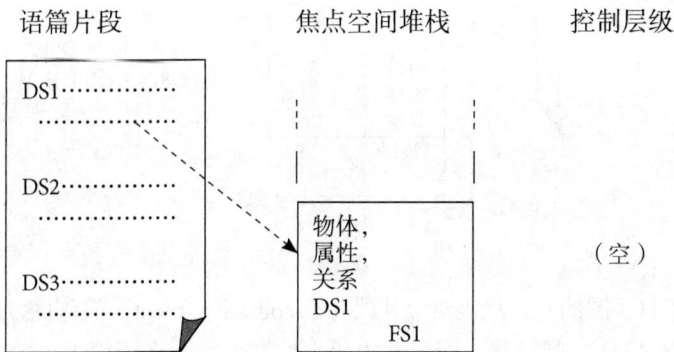

图1

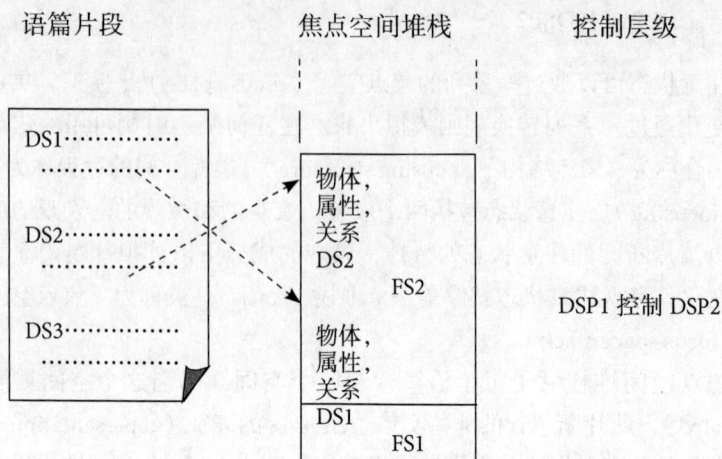

图2

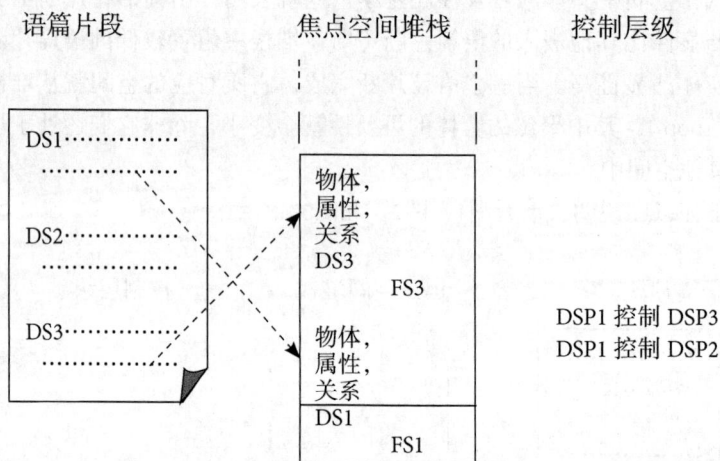

图3

先看图1，图的左边代表语篇片段（discourse segment，简称DS），图的中间代表焦点空间堆栈，图的右边代表控制层级。在语篇处理的第一个阶段，读者或听者首先接触到的是第一个片段，称为DS1，这时就会激活堆栈中与之对应的一个焦点空间，称之为FS1，DS1中的语言实体（包括物体、属性和关系）都被激活，处于凸显状态。这时在语篇目的方面没有控制层级的反映。

随着语篇的展开，读者开始处理第二个片段，DS2，如图2所示，DS2中的语篇实体被激活，这时，他们就会被推入（push）堆栈中，处于堆栈的最顶层，在DS1的上面，这时，DS2所对应的焦点空间称为FS2，FS2中的语言实体的凸显性最高，FS1中的实体的凸显性稍低。在控制层级方面，DSP1控制DSP2。

语篇处理继续进行，处理完第二个片段，读者开始处理第三个片段，这时，FS2就会从堆栈中弹开[1]，DS3被推入堆栈，FS3被激活。在控制层级上，DSP1控制DSP3，同时DSP1继续控制DSP2。

---

1 当然，如果这个语篇片断还没有结束，有些成分嵌入当前语篇片断，他们就还待在原位，当前语篇片断压到他们上面，这就是上图中，为何我们保留了FS1，因为，一般说来，DS1可能包含宏观焦点，会继续被讨论，如此，他们就嵌入到其他语篇片断中。所以FS1被弹开的可能性较小。

第四章 向心理论的参数化

尽管在向心理论提出者（Grosz，Joshi and Weinstein 1983，1995；Walker，Joshi and Prince 1998）的努力下，向心理论形成了完整的理论框架。但自向心理论的提出之日起，向心理论就不断受到来自各领域研究者的挑战和质疑。其主要原因是向心理论中的某些概念比较模糊，在研究者进行相关试验验证时，某些概念的具体界定不同，会导致结果出现明显差异。研究者把这些概念称之为"参数"，向心理论的几乎所有概念都受到质疑，都可被认为是参数，所以，以Poesio为首的研究者把向心理论界定为一种参数化理论（Poesio，et al. 2004），并且进行了相关的参数化研究。

向心理论的参数化研究意义重大，因为它是进行向心理论应用研究的基础。向心理论中的参数设定不同，会直接导致其解释力和表现力出现差异。向心理论的倡导者辩解说他们是有意不对这些模糊概念做具体界定，因为这些概念在任何一个语篇连贯和凸显理论中都起关键作用，它们的具体界定最好留给后续的研究，根据具体的研究和应用需要再做具体的参数设定。

本章将介绍对向心理论有重要影响的主要参数。

4.1 向心理论的参数

4.1.1 上指中心（Cb）

向心理论是关于语篇局部连贯的理论。根据向心理论的观点，围绕同样的语篇实体展开的语篇片断比围绕不同语篇实体展开的语篇片断更加连贯。这一假设在Chafe（1976）中已经被提及，而且在（Kintsch and van Dijk 1978；Givon 1983）中得到实证研究的证实。向心理论进一步提出每个语句都与前一语句存在一种特有的主要联系，即backward-looking center，简称Cb（上指中心）。Cb的存在假设可以简化把语句和语篇融合起来时所做的推理的复杂性（Joshi and Kuhn 1979；Joshi and Weinstein 1981）。

向心理论中的Cb接近于其他传统理论中的"主题"（topic）（Sgall 1967；Chafe 1976；Sanford and Garrod 1981；Givon 1983；Vallduvi 1990；Gundel，Hedberg and Zacharski 1993），而且在向心理论关于连贯和凸显的论述中起着最关键的作用。尽管Cb是向心理论中最核心的概念，但对Cb的认识也是经历了漫长的发展过程。

Grosz，Joshi，and Weinstein（1983）对Cb的认识和刻画仅仅是基于直觉。引述如下：

"在我们的理论中，语篇中句子的中心可以起到把句子和语篇整合到一起的作用。每个句子S都有单一的向上看的中心Cb（S），和一组向下看的中心Cf（S）。Cb（S）可以起到把S与先前语篇联系起来的作用，Cf（S）提供了一组实体，后续语篇可以与其链接。为了避免混乱，我们的术语'中心'只用来指Cb（S）。"

由此可见，Grosz，Joshi，and Weinstein（1983）仅仅抓住了Cb的最主要的特征，即把当前语句和先前语篇联系起来的纽带。但遗留了两个致命漏洞：一是，如果一句话处于段首，那么它的Cb如何确定？段首句有没有Cb？二是，尽管他们明确提到"the center"（中心）专指Cb，但这样的center如何区别于Cf。读者读完他们的论述后，不免会产生以上疑问。故而，他们在1995的经典论文中（Grosz，Joshi and Weinstein 1995），对Cb做了限定"each utterance other than the segment initial utterance is assigned a single *backward-looking center*，Cb（U，DS）"，即除了语段段首的每一语句中都含有一个向上看的中心，标记为Cb（U，DS）。这样的界定，解决了之前的模糊和疏漏之处。但又有新的问题，如果一句话中，不止一个实体与上文有联系，即不止一个实体可以向上看（looking backward），那么，我们在分析时，如何确定Cb呢？这就涉及一个核心问题：Cb是不是唯一的，每句话（除了段首句）中是不是有且仅有一个Cb？还有的学者论证了有些语句中根本就没有Cb。Cb的唯一性问题是向心理论的最核心问题，因为，如果无法确定Cb，那么向心理论的规则和算法都将无法实施。

Cb的唯一性问题，导致了限制1（constraint 1）的界定的不同。比如，

Grosz，Joshi and Weinstein（1995）给出的是一种强定义：一个语段中除首句外的任何一句有且仅有一个Cb。Cb如果可以被看做是"话题"（topic）这一概念的形式化的话，强定义表达了Joshi and Kuhn（1979）和Joshi and Weinstein（1981）的研究论断，即只有一个（或不多于一个）"话题"的语篇处理起来更容易一些。但这一观点与Sidner（1979）的假设矛盾，Sidner（1979）认为语句中可以有两个"话题"。这一观点与其他的话题理论（Givon1983；Alshawi 1987；Lappin and Leass 1994；Arnold 1998）也不一致，其他的理论都把话题性当成是一个程度问题，所以允许出现任意数量的话题（Poesio，et al. 2004）。故而，后续的研究者（Walker，Joshi and Prince 1998）也建议限制1也应该有一个弱定义：一个语段中除首句外的任何一句最多有一个Cb。意味着，一句话中可以没有Cb。

Gordon，Grosz and Gillion（1993）发现当指称前一句话中首次提及的，在主语位置上的实体时，后续句中出现在主语位置上的专有名词的阅读时间比代词的阅读时间长。比如，

(1) Bruno was the bully of the neighborhood. Bruno/He often taunted Tommy.

第二句用Bruno时，阅读理解时间比用He时长。这一现象被称为重复名字惩罚（Repeated Name Penalty（RNP））。这一证据使他们给Cb提出了更有限制性的定义：Cb是受重复名字惩罚的实体。

4.1.2 语句（utterance）

向心理论的定义中涉及的另一个重要概念是"语句"。文献中经常提到"当前语句"、"先前语句"等概念，但问题是多大的一个语言单位算是一个语句？语句应该如何界定？语句的界定不同将影响Cb和Cf的选定，进而影响其他的运算。

在早期的向心理论文献中，语句都被默认为等同于传统的句子（sentence）。Kameyama（1998）为了研究句内向心（intrasentential centering），对语句的界限进行了深入探讨。她认为把语句等同于句子进行处理，会增加回指表达的潜在先行词的数量，如果按照从句（clause）的单位进行处理，回指表达的潜在先行词的数量会更少一些，处理起来会更容易一些。而且，

把语句等同于句子会面临多重从句问题，因为含有多重从句的句子中可能有不止一个主语，那么如何按照语法功能等级进行Cf排序，这都是比较复杂的问题，而且还会增加计算的难度和负担。Kameyama（1998）提出局部焦点的更新单位应该是每个有时态的从句，而不应该是每个句子。她把有时态的从句划分为两类：一是构成"永久性"（permanent）局部焦点更新的语句，如并列从句和从属从句；二是会引发暂时性更新的嵌入语句，根据Kameyama，可以被嵌入的从句类型有限，比如，某些动词的补语。Kameyama根据这些界定，她把以下句子划分为五个语句：

> (2) (u1) Her entrance in Scene 2 Act 1 brought some disconcerting applause (u2) even before she had sung a note. (u3) Thereafter the audience waxed applause happy (u4) but discriminating operagoers reserved judgment (u5) as her singing showed signs of strain.

Pearson，Stevenson and Poesio（2000）的实验证实主句中的Cf比补语从句中的Cf更有可能在下文中被提及。Suri and McCoy（1994）的半控制研究表明其他类型的从句，尤其是以after 和before开头的从属从句也是嵌入性的，而不是像Kameyama所说的，属于永久性更新。他们的研究结果被Cooreman and Sanford（1996）进一步证实。其他类型从句的地位更加不明确。Kameyama（1998）曾提出对关系从句进行尝试性分析的方法，据此，关系从句可以暂时被当成语句进行处理，对局部焦点进行更新，但之后，他们会与嵌入性从句合并。然而，Kameyama没有对此假设提供实证性证据。其他类型的从属从句和插入句没有在文献中被提及。Strube（1998）和Miltsakaki（1999）对Kameyama关于带有（时态性）从句的语句的辨认方法进行了质疑。Miltsakaki（1999）在研究英语和希腊语语料的基础上提出局部焦点只有在每一句话之后得到更新，在构建Cb时，只考虑主句中的Cf。

4.1.3 实现（realization）

向心理论的第二个限制条件为"下指中心集合Cf（U_i，D）中的每一个成分都必须在U_i中实现（realize）。"此限制条件中的核心概念是"实现"。何为"实现"？什么情况才能算是"实现"。向心理论对此的说法非常模糊，但"实现"的界定不同，将决定Cf的辨认，进而影响其他的运算，所以，在进行下一步研究之前，必须对"实现"进行界定。

Grosz，Joshi and Weinstein（1986）基于情景理论（situation theory）（Barwise 1988）对"实现"的界定如下：

"如果一个中心c是语句U所描述的情景中的成分，或者c是U的从属部分的语义阐释，我们可以说'语句U实现了中心c。'"

根据这一定义，"实现"关系可以描述代词、零代词、显性话语实体以及从话语情景中可推知的实体所实现的隐性中心（Walker，Joshi and Prince 1998）。

Grosz，Joshi and Weinstein（1995）觉察到语义理论的不同可能导致"语句U实现中心c"的界定不同。他们考虑了两种语篇实体在语句中实现的情况：直接实现（direct realization）和间接实现（indirect realization）。直接实现是指一个名词短语指向相应的语篇实体的情况；间接实现是指语句中的名词短语与某个Cf之间是关联照应（associative reference）（Hawkins 1978）。比如，一个回指表达式指向一个之前没有被提及，但在某种程度上与已存在的物体相关的物体。例如：

(3) (u1) John walked towards *the house*. (u2) The door was open.

此例中John，the house 和the door在相应的语句中被直接实现；the house 可以被认为在u2中间接实现，因为它与此句中的the door是关联照应的关系（门是房子的一部分，提到房子，就预设了门的存在）。显而易见，哪些实体被认为在语句中实现将会影响到Cb的计算。上例中，如果the house被认为在u2中间接实现的话，它将是u2的Cb，因为the house与the door密切相关。

另外一个相关问题是空实现（empty realization）或语迹（trace）是否也应该被认为是某个实体的实现（Poesio，et al. 2004）。许多语法理论都假设形态上为空的成分会出现在多种句法结构中，如下面（a）句中的控制结构（control construction），（b）句中的省略了的关系从句，（c）句中的并列VP结构：

(4) (a) John wanted (to Ø buy a house).

(b) John bought a house (Ø abandoned by its previous occupiers).

(c) John bought a house and (Ø promptly demolished it).

（4c）句中的并列VP结构如果被认为是独立的语句的话，承不承认空成分也能实现John将决定了它是否有Cb。根据向心理论的研究文献，形态为空的成分只有在某些特定语言（如汉语、意大利语）中才被考虑，在英语中没有被考虑在内。

关于"实现"，还有一个有争议的问题是Cf序列只包括实现为第三人称NP的实体呢，还是也应该考虑第一、第二人称的NP。Walker（1993）建议指示性实体不应该被纳入向心理论的研究范围，但是，如果这样做的话，请看下例：

(5) (u1) You should not use PRODUCT-Z

(u2) if you are pregnant of breast-feeding

(u3) whilst you are receiving PRODUCT-Z....

此例中u2和u3都将没有Cb（Poesio，et al. 2004）。

4.1.4 Cf排序（Cf-ranking）

向心理论中被讨论最多的参数当数Cf的排序问题。大部分的向心理论研究者，包括Grosz，et al.，都认为在确定Cf的排序时有多种因素起作用；事实上，Walker，Iida and Cote（1994）和Walker，Joshi and Prince（1998）都声称影响Cf排序的因素并不是在所有的语言中都一样，是因语言而已的。然而，向心理论的大部分版本（Kameyama，1985；Kameyama，1986；Grosz，Joshi and Weinstein 1986）都认为语法功能在Cf排序中起最主要的作用，至少在英语中是这样的。具体说来，Grosz，Joshi 和Weinstein（1995）提出，在英语中，Cf排序主要是由语法配置层级（grammatical configuration hierarchy）决定的，即主语要排在宾语的前面，其他语法位置要排在主语和宾语之后。他们得出的Cf排序为：

主语 > 宾语 > 其他

而且他们这一观点也得到大量的心理学研究证据的支持（Hudson，

Tanenhaus, and Dell 1986；Gordon, Grosz and Gillion 1993；Brennan, 1995；Hudson-D'Zmura and Tanenhaus 1998）。

Brennan, Friedman 和Pollard（1987）在实施向心理论的第一个正式模型时，使用的英语Cf模板为：

主语 > 宾语 > 宾语2 > 其他
（"宾语"是指直接宾语，"宾语2"是指间接宾语）

他们对宾语进行了进一步划分，区分了直接宾语和间接宾语。

当然研究者也注意到了其他影响排序的因素。Rambow（1993）指出如果德语中的排序是由实现的表层顺序决定的话，德语中一些不规则性的事实可以得到解释。提及的顺序（order of mention）会影响凸显性的观点得到一些心理试验证据的支持，比如，Gernsbacher and Hargreaves（1988）的探究性试验的结果显示句子中最先被提及的语篇实体的凸显性最高。研究者也关注过提及顺序与语法功能的相互影响，根据Gordon, Grosz and Gillion（1993）的研究发现，最先被提及的Cf在排序中的地位可以跟主语一样靠前。

Strube and Hahn（1999）主张在德语中，语篇实体的排序应该由它们在已知性等级中的地位决定（Pince 1981, 1992）。具体说来，Strube and Hahn（1999）认为听者已知（HEARER-OLD）的实体应该排在间接获知（MEDIATED）的实体之前，它们都排在听者未知（HEARER-NEW）的实体之前，排序标准可归纳为：

听者已知 > 间接获知 > 听者未知

另外，提及顺序在此排序中也起一定的作用，在每一个范畴之内，句子中较早被提及的实体排序靠前一些。

Sidner最初的观点是排序应该由题元角色（thematic role）决定，但这一观点在向心理论的早期版本中被丢弃。Cote（1998）重新考察了的这一主张。关于隐性因果关系（implicit causality）动词的心理学研究为此提供了支持（Caramazza, et al. 1977）。尤其值得一提的是，有证据证明对于某些动词，主语排序先于宾语的倾向可能会逆转，即宾语要排在主语前面。当然，这种倾向也会受到其他因素的影响，如提及顺序、连接词的类型以及有生性（animacy）（Stevenson, Crawley and Kleinman 1994；

Stevenson et al. 2000；Pearson，Stevenson and Poesio 2001）。

Kameyama（1985）提出，日语Cf排序除了受语法角色等级的影响外，还受到另外两个日语语法特有特征的影响，一个就是由wa标记的语法化的主题，另一个是与施与动词（如giving和receiving）有关的视点（empathy）。她的这一观点得到Walker，Iida和Cote（1994）的赞同，他们提出的日语Cf模板为：

（语法化的或零形的）主题 > 视点 > 主语 > 宾语 > 其他

Turan（1998）考察了隐性代词、显性代词、名词短语在土耳其语自然语篇中的分布情况，提出土耳其语中的Cf排序与语序无关，而与语法关系或语义角色等级有关。

Di Eugenio（1990）认为在意大利语中，动词的特征和功能会影响Cf排序。

4.1.5 代词化（ pronominalization ）

规则1是向心理论关于代词化的主要陈述。关于规则1，至少有三种表述。Grosz，Joshi and Weinstein（1983）的表述为：

"If the Cb of the current utterance is the same as the Cb of the previous utterance, a pronoun should be used."

Gordon，Grosz and Gillion（1993）基于重复名字惩罚提出一种更强势的规则1，要求Cb应该总是被代词化。当然，这里的Cb也是遵循他们的狭义性定义。Grosz，Joshi and Weinstein（1995）提出另外一种表述：

"If any element of Cf（ U_n ）is realized by a pronoun in U_{n+1}, then the Cb（ U_{n+1} ）must be realized by a pronoun also."

Walker, Joshi and Prince（1998）的表述为：

"If some element of Cf（ U_{i+1}, D ）is realized as a pronoun in U_i, then so is Cb（ U_i, D ）。"

另外，规则1虽然规定如果任何Cf被代词化的话，那它一定是Cb，但是此理论没有明确说明哪一类的代词可以被涵盖在此规则里。似乎明确的一点是，实现为第三人称单数的代词应该算数，即如果要选择使用一个第三人称单数代词来实现一个Cb或另外一个Cf，那么应该选择Cb。但是在某些语言里，比如，意大利语、日语、土耳其语，实现为Cb的最优形式是形态上为空的成分（Kameyama 1986；Walker，Iida and Cote 1994；Turan 1998；Di Eugenio 1998）。那么，如果在英语里面，一个Cf被实现为第三人称代词，Cb被实现为语迹，这样的情况算不算符合规则1呢？或者如果Cb被实现为完整的NP，但另一个Cf被实现为指示代词呢？或者如果实现为第一和第二人称代词呢？

受规则1约束的代词，Poesio，et al.（2004）称之为规则1-代词（R1-pronoun）。对这些代词类别的具体刻画是向心理论的一个关键内容，但到目前为止，向心理论研究文献中还没有具体的解决方案（Poesio，et al. 2004）。

4.1.6 过渡类型（transition）

规则2也是关于连贯的规则，它的主要思想是语篇的连贯性依赖于优先选择保留同样的Cb，而不是改变它，把Cb继续保留为最凸显的实体，而不改变其相对的排序位置。向心理论的这一论断受到很多关注，在这方面，有大量的相关研究。研究者们提出了多种表述方案和多种划分转换状态的方式（Poesio，et al. 2004）。

Grosz，Joshi，and Weinstein（1986）基于两个因素来划分过渡类型。首先判断语句U_{i-1}与下一个语句U_i中的Cb是否相同，然后判断U_{i-1}中的Cb与U_i中的Cp是否相同。这些过渡类型描绘了在一个连贯的语篇局部片断中语句是如何联系起来的。如果一个说话者要表达一系列陈述，要把这些陈述做得连贯的最简单的方式是围绕一个特定的实体展开这些陈述（延续过渡），然后可以引入一个相关的实体（保持过渡），把注意的中心转移到这个新实体上（转换过渡）（Brennan，Friedman，and Pollard1987）。Grosz，Joshi，and Weinstein（1986）只区分了三类过渡，如图所示：

	$Cb(U_i) = Cb(U_{i-1})$	$Cb(U_i) \neq Cb(U_{i-1})$	
$Cb(U_i) = Cp$	CONTINUING 延续过渡	SHIFTING 转换过渡	(U_i)
$Cb(U_i) \neq Cp$	RETAINING 保持过渡		(U_i)

Brennan，Friedman，and Pollard（1987）对转换过渡做了进一步扩展。他们认为Grosz，Joshi，and Weinstein（1986）不能很好地解释以下例句：

(6) a. Brennan drives an Alfa Romeo

b. She drives too fast

c. Friedman races her on weekends

d. She often beats her.

这个例子的特点是，（6d）中有两个歧义代词，（d）句会进行转换过渡。（d）句与（c）句之间的转换过渡是不可避免的，因为（c）句的Cb是"her"（Brennan），而（d）句中的Cb是"she"（Friedman）。Cb（U_i）不等于Cb（U_{i-1}），所以此过渡首先被界定为转换过渡。但（d）句中的"she"可能指"Friedman"，也可能指"Brennan"。现在的问题是，转换似乎也存在一种流畅程度的问题，是流畅的转换，还是非常不流畅的转换。我们知道，在判断过渡状态时，我们主要是根据U_{i-1}中的Cb，U_i中的Cb和U_i中的Cp来判断的。根据Grosz，Joshi，and Weinstein（1986），不管在什么情况下，只要连续两句的Cb不相同，就会出现转换过渡。这一界定没有考虑U_i中的Cb和U_i中的Cp是否相等的情况。既然在Cb（U_i）和Cb（U_{i-1}）相同的情况下，U_i中的Cb和U_i中的Cp是否相等可以决定延续过渡和保持过渡的区别，那么U_i中的Cb和U_i中的Cp是否相等也可能影响Cb（U_i）和Cb（U_{i-1}）不相同的情况。基于以上考虑，Brennan，Friedman，and Pollard（1987）对规则2进行了扩展，他们认为应该有两种转换过渡状态，U_i中的Cb和U_i中的Cp相同时的转换应该比它们不相同时更加流畅，所以应该排序靠前一些。他们把Cb（U_i）= Cp（U_i）时的转换，命名为shifting-1（转换-1），所以规则2变更为：延续过渡 > 保持过渡 > 转换过渡-1 > 转换过渡。图示如下：

	Cb (U_i) = Cb (U_{i-1})	Cb (U_i) ≠ Cb (U_{i-1})	
Cb (U_i) = Cp	CONTINUING 延续过渡	SHIFTING-1 转换过渡-1	(U_i)
Cb (U_i) ≠ Cp	RETAINING 保持过渡	SHIFTING 转换过渡	(U_i)

这一扩展使得我们优先选择"转换过渡-1"，即$Cb(U_i)=Cp(U_i)$，所以（d）句中的"she"应该可以限定为指代"Friedman"。例（6）可标示如下：

(a) Brennan drives an Alfa Romeo

Cb: [Brennan]

Cf: ([Brennan][Alfa Romeo])

延续过渡

(b) She drives too fast

Cb: [Brennan]

Cf: ([Brennan])

She=Brennan

延续过渡

(c) Friedman races her on weekends

Cb: [Brennan]

Cf: ([Friedman][Brennan][weekend]）

her=Brennan

保持过渡

(d) She often beats her.

Cb: [Friedman]

Cf: ([Friedman][Brennan])

she=Friedman, her=Brennan

转换过渡-1

后续的研究者（Walker，Iida and Cote 1994；Walker，Joshi and Prince 1998）对Brennan，Friedman，and Pollard（1987）对过渡类型的划分做了一些修改，仍然沿用了他们的基本思路，但对两种转换过渡类型的命名进行了修改，毕竟，"转换过渡-1"与"转换过渡"听起来区别不大，容易混淆。他们把"转换过渡-1"命名为"smooth-shift"（流畅转换），把"转换过渡"命名为"rough-shift"（非流畅转换）。另外，他们也把段首句不存在Cb的情况考虑进来。所以过渡状态类型的划分修改为：两个判断因素是语句U_{i-1}与下一个语句U_i中的Cb是否相同；U_{i-1}中的Cb是否与U_i中的Cp相同，即：

　　(1) Cb (U_i) = Cb (U_{i-1})，或 Cb (U_{i-1}) = [?]

　　(2) Cb (U_i) = Cp (U_i)

　　（其中Cb（U_{i-1}）= [?] 表示Cb（U_{i-1}）不存在的情况，比如在语篇的开始。）

过渡状态的定义可归纳如下：

	Cb (U_i) = Cb (U_{i-1})，或 Cb (U_{i-1}) = [?]	Cb (U_i) ≠ Cb (U_{i-1})
Cb (U_i) = Cp (U_i)	延续	流畅转换
Cb (U_i) ≠ Cp (U_i)	保持	非流畅转换

　　Kameyama（1986）提出还存在第四种过渡类型：中心确立（center establishment），目的是描述一个没有Cb的语句，如一个语段的段首句，和紧跟其后的确立了一个Cb的语句之间的过渡状态。但这一观点，遭到了Walker，Iida and Cote（1994）的反驳，他们认为这种情况，仍然应该被划归为延续过渡，因为，即使段首句中存在一个Cb，这个Cb也是没有实质所指的（underspecified），只有当第二句被处理时，才能确定它的内容。

　　Poesio, et al.（2004）认为，根据限制1的强定义，段首句是唯一可以没有Cb的句子，先前的过渡状态类型划分都没有考虑不存在过渡的情况，或称为零过渡（zeroing transition），空过渡（null transition），指一个没有Cb的句子紧跟一个有Cb的句子，或一个没有Cb的句子紧跟其他没有Cb的句子的情况。

　　Strube and Hahn（1999），跟Grosz，Joshi and Weinstein（1995）一样，也认为推理负担应该根据过渡序列或过渡对（pair）来评估，但他们主张采用一种不同的方式来评估语句的推理负担。他们认为先前的过渡类型划分不能反映向心理论最关键的论点：一个语句的Cp可以预测下一句的

Cb。他们提出完全不同的划分计划,他们把过渡分成两大类:廉价过渡 (cheap transition)和昂贵过渡(expensive transition)。它们的定义如下:

如果当前语句的Cb可以正确地被前一语句的Cp预测,即Cb(U_n)= Cp(U_{n-1}),那么这个过渡对是廉价的。否则,即Cb(U_n)≠ Cp(U_{n-1}), 过渡对是昂贵的。

基于以上区分,Strube and Hahn(1999)提出了规则2的新版本:

规则2:廉价过渡对优于昂贵过渡对。

4.2 相关的实证研究

鉴于向心理论的参数对于向心理论研究的重要性,许多学者对相关的参数进行了界定,提出了多种不同的界定方案,并且做了大量的实证性研究。本节,我们将介绍这方面的代表性研究。

4.2.1 国外的研究

4.2.1.1 Poesio, et al.(2004)

Poesio,et al.(2004)认为既然向心理论的参数有多种设定方法,那么系统比较不同设定方法的有效性的最可行的办法是通过计算的手段来检测,即通过标注语料库,用计算机模拟局部焦点更新的过程,比较在不同参数赋值(instantiation)情况下得出的结果。Poesio,et al.(2004)在比较中使用的评估原则是当参数按照某种方式设定时,比较违反向心理论规则的数量。比如,代词化选择与规则1是否一致。

Poesio,et al.(2004)认为向心理论的七个论断(claim)中,只有三个,即限制1、规则1和规则2,可以通过语料库来验证。所以他们设计的试验主要围绕这三个论断展开。他们的目的是看一下这三个论断在统计学意义上能否被证实,即能够证实这些论断的语句数量应该显著性地高于违反论断的语句数量。他们这样做是基于以下考虑:向心理论的论断并不是关于语言的铁定规律,并不是说,违反了这些论断就会导致不符合语法现象的产生。这些论断只是代表一种倾向性,如果遵守的话,语篇会更易于处理。所以,如果有例外存在的话,并不能说明这个论断就是错误的。为了证实这些论断的有效性,只能借助统计学的工具,寻求统计学意义上的显著性差异。

　　Poesio，et al.（2004）使用符号检验（Sign Test）[1]来评估限制1和规则1，用Page Test[2]来评估规则2（Siegel and Castellan，1988），他们使用的语料是选自GNOME语料库的语篇。此语料库主要包含来自三个领域的语料，一是博物馆子库，主要包括博物馆物品的描述和相关艺术家的简介；二是医药类子库，此库包括提供给病人的活页上法律规定的关于药物的必要介绍；三是在匹兹堡大学收集的 Sherlock 语料库中的导师辅导对话（Di Eugenio，Moore，and Paolucci 1997）。每个子库包含大约6000个NP。Poesio，et al.（2004）的试验研究主要使用了前两个子库。

　　为了保证试验的可靠性和可复制性，Poesio，et al.（2004）雇用了八个标注人负责可靠性测试和语料标注。他们标注的方式是采用在向心理论的不同赋值中使用的最基本的概念，即已经被向心理论的这样或那样的赋值方式所断言过的，在向心理论基本概念的定义中起重要作用的信息。这些信息包括，比如，句子如何分解成从句和次从句单位、语法功能、回指关系，包括搭桥参照（bridging reference）。自动脚本可以根据参数的某种特定设置计算出语句、Cf排序以及Cb，然后根据赋值计算出与这三个论断相关的统计数据。

　　Poesio，et al.（2004）使用Perl脚本语言[3]实现语料库的标注，可以根据选定的特定参数赋值自动计算出向心数据结构（语句、Cf和Cb），发现违反限制1、规则1和规则2的情况，然后根据统计测试评估这些论断。脚本语言的行为是由以下参数控制的：

　　CBdef：CB应该采用哪种定义（本研究中讨论的所有结果都是采用
　　　　　 限制3中的定义）

　　uttdef：如何定义语句，是句子、限定性从句还是有动词的从句。

1　符号检验是通过两个相关样本的每对数据之差的符号进行检验，从而比较两个样本的显著性。具体地讲，若两个样本差异不显著，正差值与负差值的个数应大致各占一半。符号检验与参数检验中相关样本显著性t检验相对应，当资料不满足参数检验条件时，可采用此法来检验两相关样本的差异显著性。

2　在统计学中，Page Test是对有序相关的变量的多重比较，它与Spearman的相关分析是相对的，Spearman是对连续变量之间相关性的归纳。Page Test有被称为Page趋势测试或Page L 测试。

3　Perl（Practical Extraction and Report Language）是一种脚本语言。最初的设计者为拉里·沃尔（Larry Wall），它于1987年12月18日发表。Perl借取了C、sed、awk、shell scripting以及很多其他程序语言的特性，是一种自由且功能强大的编程语言。它被用作Web编程、数据库处理、XML处理以及系统管理等等。

previous utterance：处理附属从句时按照Kameyama的方式还是Suri的方式

realization：只允许直接实现，还是也包括间接实现

CF-filter：把所有的NP都当成CF，还是排除某些类别。在目前情况下，可能省略第一人称和第二人称NP，以及在述谓结构中的NP（如John is a policeman中的a policeman）

rank：CF排序是根据语法功能、线性顺序、两者的结合（Gordon, Grosz and Gillion 1993），还是信息地位（Strube and Hahn，1999）

prodef：仅把第三人称代词（it, they）作为规则1的代词，还是也要考虑指示代词（that，these）和第二人称代词（you）

segmentation：辨认切分边界时采用Walker的探索法，还是根据段落、章节或整个篇章。

Poesio，et al.（2004）认为考虑到存在这么多参数，不可能或者说很难讨论所有赋值的结果。所以他们根据向心理论文献中讨论最多的参数的设定，首先考察"常规赋值"（Vanilla instantiation）的结果。然后，通过改变语句的定义、实现和切分的不同赋值，考察其结果。为这些参数找到"最佳"赋值之后，他们又考虑不同排序的影响。

经过实验研究的结果分析，他们发现如果参数设置按照最"主流"的方式，即"常规赋值"，只有规则1可以被证实，关于限制1的结果非常消极。在这样的赋值下，只有35%的语句是连续过渡，即$CF(U_n) \cap CF(U_{n-1}) \neq \emptyset$（Kibble 2000；Karamanis 2001），只有限制1的弱版本可以被证实。限制1的强版本，最有名的公式，在我们看来最能够体现"实体连贯"的思想，竟然不能成立。另一个发现是如果部分排序的话，有些语句有不止一个CB：常规赋值的情况下，这样的语句比例只有1%，但对于其他的赋值方式，此比例可高达6%。

对于规则2，在常规赋值下，Brennan等人提出的版本可以通过Page Rank Test得到验证，但可论证的是，在此赋值情况下，关于过渡状态的最突出的事实是空过渡（47.9%）、确立过渡（18.8%）和零过渡（16.7%）的大量存在。总起来看，规则2中的四类过渡只占16%，而且如果流畅转换和非流畅转换算在一起的话，转换过渡多于保持过渡。规则2的其他分类和版本与观察到的频率没有太多相关性，比如，实体连贯过渡中的39%（357个中的139个）或者全部过渡中的14%是Strube and Hahn（1999）定

义中的廉价过渡。尽管存在这么多例外，但我们仍然不能根据常规赋值下的这些发现得出结论，认为向心理论总的来说无法被证实。因为，Poesio，et al.（2004）的第二个重要发现是参数对于向心理论有很大关系，即有可能把参数按照某种方式设定，可以使得三个论断在统计意义上都被证实。限制1的强定义论断具有最大比例的违反情况，当努力寻找一种可以使所有论断都被满足的赋值方式的时候，最有关系的参数是如何控制语句的定义和CF的实现。当语句中含有搭桥参照的中心时，如果此中心也看作在语句中实现，这样可以证实限制1的强定义是可行的。把语句定义为句子，而不是限定性从句也可以获得正面效应。对于合成赋值，Poesio，et al.（2004）称之为IF和IS[1]，限制1的强定义可以被证实，另外也可证实规则1的两个基本版本。

　　Poesio，et al.（2004）发现限制1的强定义与规则1和规则2之间有一种此消彼长的关系，即改变语句和实现的参数，减少限制1强定义的违反情况的同时，可能增加规则1和规则2的例外情况。

　　如果把句子当成语句，或者允许间接实现，会导致规则1的例外的数量有显著性增长，在IS赋值情况下，可达到总数的7.4%。但规则1（GJW95）和规则1（GJW83）的鲁棒性很强，在这样的赋值情况下仍然能够被证实。语句和实现的参数变化对于规则2（BFP）的影响更大。规则2属于在常规赋值下能够微弱地被证实的论断。在IF和IS赋值以及语法功能排序情况下，Poesio，et al.（2004）发现非流畅转换比流畅转换更多，保持过渡比纯的连续过渡（不算中心确立的情况）更多。在IS赋值和GFTHERELIN[2]排序的情况下，保持过渡是第二大最常见的过渡方式。在IS赋值情况下，规则2（BFP）只能在.05的水平上被证实，如果是IF赋值的话，必须把第二人称代词也看作CF的实现，规则2（BFP）才能在.05的水平上被证实。积极的方面是在这些赋值情况下，更大比例（45%）的语句被划分为连续过渡、保持过渡、流畅转换过渡或非流畅转换过渡，另外中心确立的情况比例达到16%。

　　以上结果可以通过更改最后一个参数得到加强，即用Strube and

---

1 IF：是指Indirect realization + u=f的情况，即同时把参数设定为间接实现和把限定性从句作为语句的情况。
　　IS：是指Indirect realization + u=s的情况，即同时把参数设定为间接实现和把句子作为语句的情况。
2 Poesio, et al.（2004）把线性顺序与语法功能结合起来作为CF排序标准的情况命名为"GFTHERELIN"。

Hahn（1999）提出的排序标准来替换GFTHERELIN。如此一来，规则2（BFP）可以在.01的水平上被证实，而不仅仅是.05。这是因为尽管STRUBE-HAHN的排序标准对强势限制1或规则1没有影响，但它可以使保持过渡变为连续过渡，某些流畅转换过渡变为非流畅转换过渡。尽管保持过渡多于连续过渡，非流畅过渡多于流畅过渡，这些变化已经足够使规则2（BFP）在IS赋值下在.01的水平被证实。但是Strube and Hahn自己版本的规则2无法被证实。但无论如何，在IS或者IF 赋值以及STRUBE-HAHN排序的情况下，向心理论的三个论断在.01的水平上都能够被证实。

Poesio，et al.（2004）关于参数设定的最后一个发现是，某些在向心理论文献中没有被广泛讨论的问题对于向心理论的论断的影响竟然大于一些参数，如排序功能的选择或者对前一语句的界定。很多问题，比如对于第二人称代词和空范畴的处理，与哪些实体应该被包含在CF序列里面的根本问题密切相关。把第二人称代词作为语篇实体的实现足以使限制1的强定义得到满足；Poesio，et al.（2004）也发现对语句定义的扩展，比如把关系从句和非限定性从句包括进来，可能使结果更糟，除非简化的关系从句和非限定性从句被认为含有把它们与嵌入性从句链接在一起的语迹。

Poesio，et al.（2004）最后指出把例外最小化不应该是至高无上的目标，也就是说，在决定如何设定参数时，不应该只考虑如何减少例外。因为有些例外是可以被接受的，可以被解释的。还应特别注意，参数设定也受到语言类型的影响，不同的语言特征可能决定了要采用不同的参数设定，才能达到最佳效果。比如，对于英语来说，按照语法功能排序和线性顺序排序没有显著性差异，但对于其他语言，尤其是语序自由的语言，可能差别会很大。

Poesio，et al.（2004）的研究在向心理论的研究历史上具有里程碑式的意义。它是关于向心理论参数化研究的最重要的文献，是第一次借助于语料库进行的参数化的实证研究。整个研究目标清晰，试验设计科学，语料选取充分，试验数据分析有理有据，试验结论有一定的说服力。最重要的是，他们对于测试向心理论参数的试验设计思路对于相关的研究者有很大的启发性。不足之处是只测试了英语这一种语言。鉴于向心理论的跨语言性，其相关结论在其他语言中不一定能站得住脚。另外，他们使用的测试语料也只是有限的领域（博物馆语料和药品说明语料），如果换作其他领域的语料，测试结果可能又有所不同。

4.2.2 国内的研究

国内的向心理论研究者也注意到了其参数的重要性，并开展了相关的研究。但总的来说，国内关于向心理论参数化的研究还是非常有限，我们这里以作者和作品年代为线索进行简要介绍。

4.2.2.1 许余龙（2008）

许余龙（2008）以《向心理论的参数化研究》为题发表在《当代语言学》第三期上面。许的文章实则为一篇介绍性的文章，他把Poesio, et al.（2004）这篇文章的主要内容用汉语做了介绍，详细介绍了Poesio, et al.（2004）研究的方法，语料的选取，实验的设计思路，实验结果以及结果的分析和讨论。许余龙在文章的最后一节简短地评论了Poesio, et al.（2004）研究的意义和可改进之处。

许余龙（2008）表示参数化研究的意义并不局限于检验向心理论本身，更重要的是可以发现影响语篇连贯性和代词（包括其零形式）使用的一些因素，以及这些因素之间的相互联系，从而推动和深化语篇分析和语篇回指的研究，检验和改进现有的其他一些理论，或提出更符合语言事实的理论，因为无论采用哪一种理论框架，都要涉及对这些因素的综合处理。在将其应用于汉语语篇回指研究时，我们觉得首先应该增加对语篇实体引入方式的分析，因为有研究表明，语篇实体的引入方式对其在语篇下文中的再次提及具有重要影响（许余龙 2005b：131）。其次，一些含有像"认为"和"相信"等动词的小句，虽然在句法形式上充当句子结构中的主句，但往往在语篇中并不用作引入一个语篇实体，而仅仅是表达消息的来源或某种情态意义（许余龙 2004：300、307），因而似乎不应将这类小句算作语句。最后，或许有必要允许一个语句可以有两个Cb，并对它们下定义，比如像许余龙（2004：§6.3.1）那样，确定U$_{i-1}$中的期待主题和副主题，以便解释句中存在两个零形代词的回指情况。

另外许余龙，段嫚娟，付相君（2008）还借用了Poesio et al.（2004）的研究方法，设计了六种指代消解算法，通过对标注语料的分析，初步探讨了"语句"与"代词"这两个参数的设定对汉语指代消解的影响。他们的结果表明，总体来说，无论采用基于哪种确定Cf显著度排序的算法，1）语句设定对代词指代消解的影响要比零形代词小；2）将语句设定为小句所得到的零形代词消解结果，要普遍优于将语句设定为自然句，这说明目前汉语指代消解研究所通常采用的语句确定方法在总体上是可行的；3）汉语代词的指代消解准确率要远低于零形代词的消解准确率，这说明目前汉语指代消解研究主要关注零形代词的做法是不够的，应该加强对代词的指代消解研究。

4.2.2.2 段蔓娟（2006）

段蔓娟（2006）在其博士论文中研究了向心理论的参数化及其在汉语指代消解中的应用。她在向心理论参数化研究的基础上，综合分析了各种基于向心理论的指代消解算法，并对向心理论在汉语指代消解中参数设定进行了实证性研究。段蔓娟（2006）收集了来自三种语篇类型的共三万多字的语料，其中名词短语5148个。她首先给这些名词短语标注上语法功能以及数和性等特征，然后编写程序将语料中的名词短语信息自动存入一个Access语料库。根据研究目的的需要，本文一共设计了六个基于向心理论的指代消解算法，每个算法实现一种不同的参数设定，这些算法在数据库提供的名词信息基础上对语料中的代词和零形代词进行消解。

段蔓娟（2006）研究的向心理论的参数有：语句的定义、前瞻中心的排序以及Rl代词的选定。对于语句的定义，她考察了两种可能的语句定义，一是将语句定义为至少包含一个述谓结构的，用标点符号隔开的语段；二是将语句定义为句子。这两种语句划分的方法在文中分别记为Ude.f1和Ude.f2。研究结果表明，在Ude.f1划分下，零形代词的消解正确率远远高于Ude.f2。然而，这两种语句划分对于代词消解正确率的影响不如对零形代词消解明显。本文考察的前瞻中心排序影响因素有：语篇实体的出现顺序、语篇实体的语法角色、语法角色平行因素、后指中心延续和语篇实体出现的句法层次。消解结果表明，语篇实体的语法角色，相对于语篇实体出现的线形顺序，更能精确忠实地反映语篇实体的显著性。在指代消解中引入语法角色平行因素对于代词和零形代词消解均有积极的影响，这种影响在语句按照Ude.f2划分的情况下更为显著。本文研究发现将延续性倾向引入指代消解算法并没有给消解结果带来积极的影响，而且在某些参数设定下，引入Cb延续性考虑还会给指代消解带来负面影响。这说明向心理论中提出的"语篇实体连贯性"（entity coherence）并不是语篇实现连贯的唯一途径。

本文的消解结果还表明在指代消解中考虑语篇实体出现的语法层次有助于代词和零形代词的消解，而且这种影响是积极和显著的。这一结果也证明了语篇虽然以线形的方式展开，却具有内在的层次性，出现在主句和从句上的语篇实体在显著性方面有所不同。本文选择的Rl代词是代词和零形代词。研究结果表明，在以向心理论为框架的汉语指代消解中，零形代词的消解正确率要远远高于代词的消解率。因此，段蔓娟认为当向心理论运用于汉语指代消解时，Rl代词应该是零形代词而不是代词。这一结果同时也从另一个角度证明了，代词和零形代词属于不同类型的可及性指示语。

段蔓娟（2006）的实证研究结果不仅有助于更好地理解语篇的连贯性和显著性特征，更能从计算语言学的角度对向心理论在汉语指代消解的适用性提出直接的、具体的意见和建议。

首先段蔓娟（2006）的消解算法的结果证明向心理论在汉语指代消解中是合适有效的。在最合适的参数设定下，该算法对零形代词和代词的消解准确率可以分别达到94.2%和76.3%。

其次段蔓娟（2006）的指代消解算法只利用了可识别的句法和语篇信息，并没有引入领域知识，甚至也没有借助于词语语义搭配限制。这种充分利用可靠的句法和语篇信息进行指代消解的方法十分符合指代消解中弱知识化和鲁棒性的最新趋势。

最后段蔓娟（2006）还为向心理论在汉语指代消解中的运用提供了具体的可操作性的建议。在向心理论的框架下：Ude.f1更适用于零形代词的消解；在缺乏可靠的句法分析工具时，按照语篇实体的出现顺序排序也是一个可以考虑的选择；在排序中考虑语法角色的平行性会有助于指代消解；如果能够可靠地识别从句，在指代消解中引入语法层次考虑能够显著地提高消解准确率。

4.2.2.3 许宁云（2010）

许宁云（2010）专门探讨了向心理论中的过渡类型问题。在应用向心理论时，由隐性语篇实体实现回指中心的语段通常会产生零回指中心和零过渡的问题，向心理论中原四种过渡类型解决不了零回指中心和零过渡这个问题。为了解决以上问题，Laurel Fais根据相邻语段实体之间的语义距离（semantic distance）或语义相似性（semantic similarity），以词汇衔接为核心要素新建了两种过渡类型。

	$Cb (L_i) =Cb (U_{i-1})$ OR $Cb (U_{i-1}) =?$ and $Cb (U_i) \neq?$	$Cb (U_i) \neq Cb (U_{i-1})$	$Cb (U_i) \neq?$	$3C f (U_i) \approx Cf (U_{i-1})$ ~ $(3Cf (U_i) \approx Cf (U_{i-1}))$
$Cb (U_i) =Cb (U_i)$ $Cb (U_i) \neq Cb (U_i)$	延续过渡 保持过渡	流畅转换过渡 非流畅转换过渡	衔接过渡 完全转换过渡	

表中左边部分还是原来按显性语篇实体所拟订的过渡类型，它预设了所有中心都是明晰的。然而，如表中右部分所示，当U_i中的任一显性元素和U_{i-1}中的任一显性元素都没有严格的对等关系时，可表示为$Cb (U_i) =?$。Laurel Fais为这种不包含明晰回指中心的语段分别设计了两种过渡类型。如果语段U_i中至少有一个下指中心Cf与上一语段U_{i-1}中的某个或某些Cf有较高的词汇衔接值（strong lexical cohesion value），那么从语段U_{i-1}到语段U_i的过渡类型为"衔接过渡"（COHESIVE），然而，并非所有不含明晰回指中心的语段都与前一语段存在衔接关系。如果语段U_i中既无明晰回指中心，又无任一下指中心能与前一语段U_{i-1}中的下指中心有较为紧密的词汇衔接，那么这种过渡称为"完全转换过渡"（COMPLETE）。衔接过渡类似于延续过渡，但对于回指中心来说，它是用相似条件（similarity condition）来代替等同条件（identity condition），因此它比延续过渡所需的推理量要稍大些；同样，完全转换过渡相对于非流畅转换过渡来说非连续程度更大，因为它不仅没有回指中心，而且甚至没有实

体与前一语段中的实体相联系，因而完全转换过渡比非流畅转换过渡所需推理量或处理量更大。

许宁云（2010）在把Laurel Fais（2004）的过渡类型分类方案应用于实践时，发现汉语中有些语段对是以诗句的形式出现的，且诗句之间通常会出现以上的完全转换过渡现象，但凭我们的直觉，它们之间的连贯性又没有完全转换过渡那么严重，如：

（7）

    a. 亭上有苏步青校长题诗：

b. "Ø无忘任重红专健，	Cb=苏步青	Tr=延续过渡
c. Ø莫负岁寒松竹梅；	Cb=苏步青	Tr=延续过渡
d. 他日神州迎四化，	Cb=?	Tr=完全转换过渡
e. Ø登临共举庆功杯。"	Cb=?	Tr=完全转换过渡

    （引自《复旦的树》）

许宁云（2010）认为语段（7d）中没有任何一个实体能与前一语段（7c）中的实体有较强的语义联系，而且该语段也不是语篇或语篇片段的起始语段，因此，该语段的过渡类型应被判定为完全转换过渡，后面的语段（7e）也因前一语段无回指中心，而产生无回指中心和完全转换过渡。然而，根据我们的直觉，这两个语段与前一语段之间的过渡还是比较连贯的，因此这与LF方案产生了冲突。

许宁云（2010）继而借助Strube & Hahn（1999）根据推理难度对省力（cheap）和费力（expensive）的划分，结合Laurel Fais（2004）的方案，命名了另外一种过渡方式，即费力衔接过渡，许宁云（2010）认为有三种类型的语段可称为费力衔接过渡：1）以辅助手段实现衔接的语段；2）介于衔接过渡和完全转换过渡之间的语段；3）$Cb(Un)$与$Cp(U_{n-1})$不同的衔接过渡语段。

许宁云（2010）的研究是对向心理论的大胆探索，是把经典过渡类型、Laurel Fais（2004）的分类方案和Strube & Hahn（1999）分类方案结合起来考虑的结果。但问题是，先前的不同分类方案都有各自的标准，各自完整的理论框架。如果生硬地把不同标准下的框架结合起来，可能在有限程度上会扩大应用范围，解释某些原先没有被涵盖的语言事实，但是这种做法是要以牺牲理论框架的完整性和简洁性为代价的。比如，许宁云（2010）最后指出，如果按照他的分类，过渡类型可达13种，即使去除一些重复类型，还剩十种。他自己也坦承："这么多的过渡类型如何按所需推理负荷或处理努力来制定一个严格的优选排序呢？这当然要比最初的四种过渡类型的排序要复杂得多，因为其中有些过渡类型之间的界限不是很明确，甚至有部分重叠现象。要对它们进行较为严格的排序，尚需借助于实验手段，在此我们还不能妄加评断。"

4.2.2.4 王德亮（2009a）

王德亮（2009a）探讨了语篇下指中心在汉语中的排序问题。在先前有关Cf排序研究的基础上，通过比较不同排序方案，分析汉语的语言特征，推导出了汉语的Cf模板，然后从语料库中选取语料进行了实证研究。

王德亮（2009a）接受了Li 和Thompson（1981）的观点，认为在对汉语的描述中，除了主语和宾语的语法关系外，还有"主题"的概念；这是汉语句子结构最突出的特征之一，也是把汉语同其他语言区分开来的特征之一。因为主题在汉语语法中的重要性，汉语可以被称为"主题突出型语言"（topic-prominent language）。汉语无严格意义上的形态，没有格的制约，所以想到或看到什么，都可以将其作为话题先提出来，然后再对其进行说明，这样就形成了主题句。主题位置上的语义实体的凸显性一般来说是最强的。因此，主题位置上的语义实体在Cf排序中应该排在首位。主题对于Cf排序有最强的影响作用，所以在汉语的Cf模板中应该处于首要地位。除了主题之外，汉语也像英语一样，Cf排序也受语法角色的影响，即：在主语位置上实现的语义实体的凸显性要高于在宾语位置上实现的语义实体，后者又高于在从句中实现的语义实体或起其他语法功能的语义实体。综合以上观察，王德亮（2009a）总结出汉语的Cf模板应该为：

主题 > 主语 > 直接宾语 > 间接宾语 > 其他

然后他设计了实证研究的实验，实验中所用语料选自北京大学计算语言学研究所制作的《人民日报》标注语料库，从中随机抽取12个语篇，对受测语篇中每个语句的Cp出现的位置做了统计，根据向心理论，Cp是该句中最凸显的成分，是Cf序列中最靠前的成员。并且，本句的Cp将成为下一句的Cb，使语篇实现局部连贯。据统计，作为主题的语义实体成为Cp的只占2.81%。实验结果不甚理想，王德亮（2009a）探讨了其中的原因，他认为在Cf排序过程中，除Cf模板外，另外起重要作用的主要有两个因素，一个是宏观主题（Global Topic），另一个是谓语动词的语义结构（semantic structure）。

第五章　向心理论的普遍性

　　向心理论的理论模型是在以英语为语料的研究基础上形成的，但向心理论成形之后，众多研究者纷纷把它应用于不同的语言，如日语（Kameyama 1985；Walker，Iida & Cote 1994），德语（Rambow 1993；Strube & Hahn 1999），土耳其语（Turan 1998），意大利语（Di Eugenio，1990）和汉语（王德亮 2004）等等。向心理论的研究者认为向心理论具有跨语言的普遍性，本章我们将探讨向心理论的普遍性问题。

5.1　语言的普遍性与多样性

　　世界上一共有多少种语言？专家们的估计是4000-8000种。德国出版的《语言学及语言交际工具问题手册》提供了比较具体的数字：5561种。但这只是现有的语言，在这之外，已经有很多种语言文字在世界上消失了（百度知道[1]）。世界上具体有多少种语言，关于这个问题的回答难以取得一致，主要有两个原因：第一，语言学家们的分类标准不同，可能得出不一致的结果；第二，语言处于不断地变化之中，有些语言已经消亡，有些语言只有口语，没有文字，这些语言到底在不在统计之内？

　　世界上的各种语言都有差异，然而语言的差异背后还有很多相似之处，这就是语言的共性与个性问题。正如矛盾论所说，矛盾的共性与个性是对立统一的，共性寓于个性之中，共性与个性的关系就是普遍性与特殊性的关系。因此，语言的差异背后还有很多相似之处。同样是通过对大量语言的研究，人们发现有许多相近或相同的特性存在于所有的语言之中，也就是说语言是有共性的（丁杨 2010）。

---

[1] http://zhidao.baidu.com/question/9722131.html

　　关于语言的共性与个性之间的关系，人们很早就有了初步认识。语言共性与个性的关系可以表现为"普遍语法"与"个别语法"的关系，早在17世纪德国哲学家Alsted就对这个关系作了首次阐述。在18世纪，法国学者Du Marsais对这两个概念作了更加明确的定义："在每个语法中都有一部分从属于所有的语言；这些部分构成所谓的普遍语法……在这些普遍的部分之外，还有一些只属于某个个别的语言；这些构成了每个语言的个别语法"（转引自丁杨2010）。

　　关于语言普遍性的探讨由来已久。在古希腊时期，斯多葛学派的哲学家就提出，语言的外部形式是人类本质内在普遍性的反映。古希腊和罗马的语法学家也曾提出普遍语法的语言观。他们认为，一切语言都具有共同的语言结构。12世纪中期，P. Helias试图为Priscian的语法规则寻找哲学解释。这导致了普遍语法概念的正式出现。13世纪罗杰·培根曾断言：所有语言的语法在本质上是统一的，表面的差异只是偶然的变异（Robins 1967：76-77）。到了17世纪，理性主义者认为人类有普遍的思维结构，它独立于任何一种特定的语言，并且可以用一种普遍语法来描述。Port-Royal的语法学家也持相同的观点。他们相信人类语言的深层结构都是一样的（Chomsky 1966：31）。19世纪，历史比较语言学的兴起使语言研究具有了系统的性质，并获得了科学的地位。历史比较语言学探求语言间的相似性，取得了丰硕的成果（王勤学1990）。

　　然而进入20世纪后，现代语言学研究更加关注共时研究，关注语言差异，语言的多样性受到关注。到了20世纪50年代以后，语言的普遍性研究才再次进入主流研究。同时出现了两种比较有影响的理论，这两种理论可以分别称为语言普遍性研究的"类型学派"和"生成学派"（王勤学，1990）。类型学派认为：世界上的语言看上去似乎有无限的差异性，但在这些令人眼花缭乱的差异后面却存在着普遍的统一性。提到转换生成学派，人们自然会想到Chomsky。他在《句法理论诸方面》一书中指出：语言普遍性研究是语言理论的一部分；语言理论要达到解释充分性（explanatory adequacy）就一定要囊括语言普遍性的解释。他说："语言理论的主要任务就是找出一套语言普遍性的解释"（1965：27-28）（转引自王勤学1990）。

　　一些带有普遍意义的原则可以作为引入优选论的基础。首先，人类的自然语言在表面上看虽然存在很大的差异，但在语言的构成上仍然可以找到一些具有普遍性的地方，我们把这些带有普遍意义的方面称为"普遍原则"，即所有人类的自然语言，不管在表面上存在多大的差异，都遵守这些内在的普遍原则。其次，人类自然语言的差异可以归结为参数设置的不同。以上两点其实就构成了转换生成语法中原则与参数理论的立论基础。

当代心理学和生理学的研究为认识语言共性存在的深刻性提供了明晰的视角和确凿的证据，人类语言是一个共性远远大于个性的系统（程工 1999）。对语言的心理和生理学研究表明，各种语言在基本的方面是完全一样的，它们之间的差异小到微乎其微的程度（Lenneberg 1994）。

语言间既有共性，也有各自的特性，需要通过特性的研究去认识共性。真理相对性的原理说明：每一种理论，只要它是客观规律的反映，就有一定的普遍性，与共性相联系，但又只适用于特定的对象，具有它的特殊性（徐通锵 1999）。

从这个角度上看，如果能够证明向心理论反映的语言规律具有跨语言的特征，向心理论体现了语言最根本的本质属性，那么我们就可以说向心理论是一种普遍性理论。

5.2 向心理论体现的语言本质属性

向心理论之所以具有跨语言的普遍性，即：向心理论可以应用于不同的语言，不受语言种类的限制，这是因为向心理论体现了语言最本质的属性。语言最本质的东西，即所有不同种类语言的共核（common core），在某个层面上肯定是相通的。如果能够找到这一共核，把共核上的东西整理成一些基本原则或理论框架，那么这些原则和理论肯定具有语言普遍性，具有跨语言的共同特征。向心理论正是朝着这一方向努力，它抓住了所有语言的两个最基本的共同特征：语篇语流的线性特征和语言的经济性原则。

5.2.1 语篇语流的线性特征

"线性"这一术语是由现代语言学之父——索绪尔提出的，他在《普通语言学教程》中将语言的能指归属于听觉的性质。在他看来，因为能指（也称"音响形象"）属于听觉性质，只能在时间上展开，它通常体现为一个长度，这个长度只能在一个向度上测定。他认为，语言符号只能在时间上展开，而且具有借自时间的特征："在话语中，各个词，由于它们是连接在一起的，彼此结成一个以语言的线条性为基础的关系，排除了同时发生两个要素的可能，这些要素一个挨着一个排列在言语的链条上。"令人遗憾的是，他虽然将线性列为语言符号最重要的两个特征中的一个（另一个是任意性），但对线性的研究也仅限于此，相对而言对于任意性的研究和探讨要多得多（见《普通语言学教程》转引自李雷雷 2011）。

霍克斯（Hawkes 1987：16）曾这样解读索氏的观点：由于语言基本上是一个听觉系统，能指和所指的关系只能在一段时间内展开，一张画可以在同一时间内展示和并列它的各个要素，而说话则缺乏这种同时性，它不得不以某种序列或顺序（这种序列或顺序本身就具有意义）表达自己的各种要素。简而言之，能指和所指的关系模式可以说基本上是（尽可能是最低限度）序列性的。

韩礼德（Halliday 1961）则视语言为一种具有模式化特性的活动。这种活动是随时间推动的，其模式是线性的，这与索氏关于线性的陈述观点极为相似。但是，韩礼德更加明确了线性的形式，他认为显性的序列是语言实体，它只是隐形的语言形式的具体呈现形式。此外，他还认为结构的线性序列可以与语序一致，亦可以不一致。这一点是他对"线性"研究的发展（杨忠，张绍杰 1992）。

语言符号的线性特征脱离不开时间的因素，语言符号在时间刻度上的延伸才导致线性的序列。因而，时间是线性的实质，而线性只是时间的表述方式（李雷雷 2011）。

语言的线性性质，决定了文学作品的叙述和描写只能在时间的一维向度上展开，换言之，就是文章要一字一字地写，故事要一句一句地讲（王力平 1993）。

Yngve（1961）对语言生成的研究表明，世界结构语言线性化的过程既不是概念性质的，也不是语言固有的，而是一种普遍的认知策略（熊学亮 1999：157）。

钱冠连（2002）在给语言线性下定义时就认为："人在（瞬时、瞬间）

之内，能且仅能吐出一个音节，不可能一次吐出两个以上的音节，于是就形成了时间上有先后顺序的紧密秩序，这个现象被称为语言的线性。"

向心理论正是抓住了语篇语流的线性特征，把语篇语流以句（utterance）为单位切分成分析单元，在顺应线性顺序的前提下，分析紧邻的前后两句之间的关系，把其中的规律变化总结成了严密的规则和限制。

5.2.2 语言的经济性原则

语言的经济原则（the principle of economy）又称作语言的经济性。语言的经济性倾向始终贯穿于语言的各个层次和语言发展的各个阶段，经济性也因此被认为是语言普遍性的一个重要方面。语言和言语中呈现的简易现象，研究者们习惯称之为"经济原则"。语言学界认为，人类语言的运用趋向于经济和省力的原则。为达到语言配置的最优化，即用最小的语言单位来表达最大的信息量（刘越莲 2008）。

所以，语言经济性指的是语言使用中的一种经济现象：即人们总是用最简单的表达方式来传递尽量多的信息。其结果就是说话者用最小的努力传递了其想要表达的内容。语言经济性覆盖了三个方面：语音、句法和语义。语言经济性包含了三个方面，但其中最为核心的一个方面是语义方面。换言之，语言经济性最关心的问题就是如何以一种经济的方式来传递最大信息量（周青宇 2010）。

语言中的经济原则是由法国语言学家安德烈·马丁内在解释语言演变时提出的。它指的是"在保证语言完成交际功能的前提下，人们自觉不自觉地对言语活动中力量的消耗做出合乎经济要求的安排"。其主要内容是在交际表达追求新颖、复杂、更具特殊作用和人们自然惰性这对矛盾中得以阐释清楚："言语活动中存在着从内部促使语言运动发展的力量，这种力量可以归结为人的焦急和表达的需要与人在生理上和精神上的自然惰性之间的基本冲突。交际和表达的需要始终在发展、变化，促使人们采用更多、更新、更复杂、更具有特定作用的语言单位。而人在各方面表现出来的惰性则要求在言语活动中尽可能减少力量的消耗，使用比较少的、省力的、已经熟悉的或比较习惯了的，或者具有较大普遍性的语言单位。这两方面的因素互相冲突的结果使语言经常处在发展的状态中，并且总能在成功地完成交际功能的前提下，达到相对平衡和稳定"（何自然，冉永平 2002）。

"经济原则"也称为省力原则（the Principle of Least Effort）。简单地说，就是用尽可能少的投入获得最大的效果。Zipf在1949年出版的专著《人类行为与省力原则》中，通过大量的数据统计证实了"人类行为普遍遵循省力原则"这一观点。作为人类行为的重要组成部分，语言实践自然也遵循这一原则。所谓"经济"、"省力"，只是指相对于取得的效果而言，付出比较少而已。"取得效果"才是目的，"经济"、"省力"不能以放弃这个目的为代价。"省力原则"要强调的只是：人们在争取某种效果的时候，往往会采取相对经济、相对省力的途径。

正是由于经济性原则的作用，语篇中倾向于使用大量的省略或缩略形式，即在不影响交际表达的时候，说话者倾向于使用简约的形式，即零形式或代词。向心理论试图捕捉语篇中这些简约形式的使用规律，即在何种情况下简约形式可以使用，而且可以轻松找到其所指对象，既不会影响交际，又满足省力和经济原则。

5.3　向心理论体现的人类认知属性

唯物主义认为认知是相互联系的客观事物在人类意识中的一种反映，它是通过感官得到"感知"、"感觉"。人在感知客观对象时，相互联系，综合分析，用储备信息感知新的客观事物，通过感官对相互联系的客观事物理性"归纳"，认识自然界和社会。认知共性来源于生活经验的理性"归纳"，人类通过本能的眼睛或是肢体触探物质本身的微妙变化等方式感知生活，积累物质的色彩、材料、形状、物理的空间、运动与时间等认知经验，这些共通的经验，在认知过程中产生相互认同，在大量事实研究中归纳出一些规律（宋杨 2010）。

认知心理学对语言问题的关注及卓有成效的研究使其有关语言的理论成为经典。认知心理学家认为，语言能力是一般认知组织的一部分，认知发展先于语言发展，语言的产生与个体认知发展的一定阶段相联系，它通过同化和顺应的过程而与智慧发展整合在一起。因此，一方面语言发展以最初的认知发展为前提，认知发展的顺序和普遍性决定了语言发展的顺序和普遍性；另一方面语言功能的发展促进了认知的发展（傅洁，谢祖全 1995）。

向心理论反映了人类认知的共性，体现了人类共同的认知属性。下面我们将重点介绍其中几个最突出的认知属性，如凸显、可及、焦点、短时记忆与长时记忆。

5.3.1 凸显

凸显，又称为"突显"，是认知心理学中的一个重要概念，是与任务目标相关的自上而下的优先选择解释机制（prioritizing selection）。事件相关电位（ERP）和功能磁共振成像（FMRI）研究为"凸显"提供了生理学依据。ERP实验发现，凸显项目呈现时，额叶-顶叶区（fronto-parietal regions）有明显的持续负波出现。FMRI实验表明，凸显项目会在顶叶上部出现较早的明显激活，反映了对凸显项目的编码或选择本身的操作偏向（武宁宁 2001）。

外界对大脑的刺激杂乱、多样，大脑须加以整理。通常，人们会根据不同需要选择不同视角和辖域来观察某一情景。因选择的基点或关注的重心不同，或观察方式和角度相异，同一情景会凸显不同的方面而在大脑中产生不同的意象。语言交际受相互竞争的信息最大化和经济最大化原则制约，交际者只能选择具有凸显、重要的部分代替整体或整体的其他部分，与此同时，其他成分则被抑制（涂靖 2009）。

凸显观是认知语言学理论中一种基本的语言认知观，是对世界朴素图景进行描写的基本原则（Lakoff and Johnson 1980）。凸显观主要涉及语言中所表达的信息的取舍和安排，是人类主观认知超越逻辑推理和客观性的语言表现。以The car has broken down这一事件为例，描写该情景的语言表达方式不止一个，如The car crashed into the tree，或者The tree was hit by the car。但根据经验，以the car开头的表达显得更自然，更容易被大脑接收。这是因为在整个运动事件中，运动着的car相对于静止的tree显得更为突出，更能体现the car has broken down这一事件的中心。凸显观的另一个主要论点是一个句子主语的选择取决于该句所描述的情景中各成员所享有的不同凸显程度。一般来说，主语之所以能成为主语，是因为我们选择它作为整个描写对象凸显程度最高的成员（夏日光，吴文静 2011）。语言表达式是基于人们对事物或事件的感知，外界对大脑的刺激是杂乱多样的。大脑要对它们进行整理，根据最凸显的物体、事物的完整特性来组织语言表达。认知语言学按照对事物不同程度的凸显部分的认识来选择不同的表达式。

第一个深入全面研究"凸显"的是认知心理学家Giora，她提出的"等级凸显假说"（The Graded Salience Hypothesis）（1997/1999/2000）认为，意义的凸显等级不同于意义性质，它决定着意义进入大脑的顺序，最先进入大脑并被认知的应该是凸显意义（周树江 2008）。从凸显到非凸显应为一个连续体。决定意义是否凸显以及它的凸显程度取决于人们大脑中的认知语境。"由于习惯性（conventionality）、熟悉度（familiarity）、使用频率（frequency）和典型性（prototypicality）而在我们大脑里面形成的编码的意义越是凸显，则其获取的速度越快。"

5.3.2 可及性

可及性是一个借自认知心理学的概念，通常是指从大脑记忆系统中提取某个记忆单位或语言单位的便捷或难易程度。因而又被称为"可提取性"。语言学家Sperber & Wilson（1982）首先在语言的研究中引入了可及性的概念。他们认为，在任一特定话语阶段，语境可以根据被受众加工的程度加以区分。相应地，可及程度不同，用于提取信息所需的加工努力程度亦不同。可及性涉及指称现象与认知状态之间的关系。在语言学领域中，对可及性概念应用较为著名的是Keenan & Comrie（1977：66）提出的"名词短语可及等级"和Ariel（1990）对"名词词语和先行词关系"的研究（王银霞 2010）。

可及性理论的最大特点在于其普遍性。可及性理论是从认知角度研究指称词语的，而认知能力是人类所共有的，因此可及性理论对各种语言中的指称词语研究具有普遍意义，尽管在不同语言中指称词语的编码方式不尽相同（谢亚军 2009）。

可及性理论的基本观点是把回指语看作对象实体在人的心理空间中的可及度的标识。不同的回指语标识了对象实体不同的可及度。代词和零形代词的使用表示对象实体可及度很高，因此是高可及性标示语；而有定描述语等的使用表示对象实体在心理空间中的可及度很低，因此属于低可及性标识语（高卫东2008：17）。

对象实体在心理空间中可及度的差异取决于四个因素：距离、竞争性、显著性、一致性。所谓距离，就是先行词与回指语之间间隔的空间距离，一般以间隔的小句数量来测量。竞争性，就是语境中潜在的可作为回指对象的概念实体的数量。所谓显著性，就是指对象实体在句子和语篇中的中心地位，一般表现为其反复被提及的频率，比如作为语篇主题的概念实体一般会在语篇中被反复提及，是贯穿多个语句甚至段落的中心，因此具有高显著性。一致性就是先行词是否与回指语同处一个相同的认知心理框架、世界、观点、语篇片段或段落中（Ariel 1990）。

Ariel认为回指语可以被分为三大类可及性标识语：1）专有名词和有定描述语是低可及性标识语；2）指示词语是中可及性标识语；3）代词及其零形回指是高可及性标识语。她还认为，可及性差异不仅存在于三大类回指语中，也存在于各类回指语内部的细分类中。回指语的高中低三分只是一个大致描述。事实上，可及性差异是一个连续的等级序列，渗透在回指语体系的各个层次。具体来说，Ariel把各种回指语的可及性程度划分为以下等级：（＞表示由低到高）全名＋修饰语＞全名＞长有定描述＞短有定描述＞姓＞名＞远称指示语＋修饰语＞近称指示语＋修饰语＞远称指示语＋名词短语＞近称指示语＋名词短语＞远称指示语＞近称指示语＞重读代词＋手势＞重读代词＞代词＞缩略代词＞极高可及性标识语（如空语类）（许余龙 2004）。

5.3.3 焦点

焦点，在物理学上指平行光线经透镜折射或曲面镜反射后的会聚点，在数学上指二次曲线的焦点，在社会上比喻问题的关键所在或争论的集中点。现在焦点多引申为人们对重大事件、国家政策、新闻事件以及人物等的关注集中点[1]。焦点问题近年在语言学界颇受关注，人们从不同视角对它进行研究。从语义的角度看，信息焦点指的是发话者认为比较重要、需要引起受话者注意的信息（徐杰2001：117-118）。从语音层面看，信息焦点是信息单位内由主重音（tonic）或调核（tonic nucleus）体

---

1 http://baike.baidu.com/view/213284.htm

现的一个或多个作为信息高峰值（prominence）的单元（彭宣维 2000）。从句法层面看，信息焦点是由负载较大信息强度的成分所体现。

"焦点"被认为是跨句法、语义、语用、语篇等多个层面的问题。因研究的角度不同，焦点种类、焦点理论不同，在焦点的位置、焦点与信息的新旧关系、标记主位的功能方面的结论就会有所不同。比如，Gundel把焦点分为三种：心理焦点、语义焦点、对比焦点。Dik则把焦点分为新焦点、对比焦点。国内学者对焦点分类又不同：方梅把句子的焦点分为常规焦点和对比焦点；徐烈炯把焦点分为自然焦点、对比焦点、话题焦点；潘建华则认为句子的焦点隶属于语用范畴，是一个话语性质的概念，句子只有对比焦点，没有句尾焦点（也称作常规焦点或自然焦点）。语义学一般讨论书面语的语义焦点、对比焦点，话语分析一般讨论口语的心理焦点、语义焦点、对比焦点。语义学和话语分析讨论的对比焦点有所不同。"焦点这一名称，在语义学和话语分析上有不同的含义，就是在语义学上，不同的学者也赋予它不同的含义"。"由于布拉格学派的一些学者把新信息和述题、已知信息和主题等同起来，因而造成了在语言分析实践中对焦点理解的分歧"。"对新信息理解不同，不同学者在焦点的解释上很难取得完全一致"（转引自何瑞清 2005）。

语言是传递信息的一种工具，在语篇展开的过程中，信息以波浪形向前推动，依据韩礼德的语言思想，小句以"主位—述位"方式展开，而在语篇层面小句群以"旧信息—新信息"的方式推进（Halliday 1994：2004）。根据这一观点，新的信息自然引起听话者的注意，成为信息焦点。听力训练者需要注意的就是这些信息焦点，信息焦点实现的方式有三种：音韵（Prosody）、词汇（Lexis）和句法（Syntax）。需要指明的是信息焦点并不是仅仅以单个的词出现，而是以词组乃至句子出现，依据该信息处于层面的信息而定（刘悦明 2011）。

人们说话或写文章都是在特定语言环境中传递信息。语言交际过程就是利用语言符号编码和解码信息的过程。一般而言，说话人所传递的信息包括已知信息和新信息。顾名思义，已知信息是说话人认为或假定已存在于对方认知结构中的信息，或是根据一定的交际语境可以推断出来的信息，这种已知的内容是信息传递的出发点，功能主义学派将其定义为信息结构中的主位。新信息指说话人预设对方未知因而意欲传递给对方的信息，是信息结构中的述位部分。在句法层面上，新信息指从语篇上文中'不可获取'的信息，而已知信息则是从交际双方的背景知识或语篇上文中'可获取'的信息（Halliday 1978）。很显然，新信息必然是人们传递信息时的着重点，其中最重要的部分称为信息焦点。根据焦点构成成分的不同，可将焦点分为两类：狭义焦点和广义焦点。前者指只有一个单一成分处于关注之中，可以是定语、状语、主语或宾语等；后者指处于关注之中的成分不止一个，从谓词到谓语部分乃至整个句子。无论是狭义焦点还是广义焦点，二者都有一个共同的判断标准，即信息焦点是在问句中可替代wh-成分的信息（邱采真，杨海英 2011）。

从信息传递的角度看，语言是信息的载体。语句的不同成分所负载的信息内容在重要性方面有差异，这种差异影响它们在线性序列中的位置分布。信息焦点承载的是发话者认为比较重要、需要引起受话者注意的信息，它一般是新信息，也可能是具有对比意义的已知信息。从位置分布的角度看，信息焦点分为无标记焦点和有标记焦点，无标记焦点一般位于信息单位的尾部，有标记焦点则位于信息单位的其他位置。从受强调的程度来看，信息焦点分为主焦点和次焦点，主焦点受强调程度高，次焦点受强调程度低。当一个句子有多个焦点时，发话者应使主焦点占据无标记焦点的位置。由于表达相同命题内容的不同语言结构所突出的信息焦点不一样，因此，在用语言传递信息时，发话者需要根据信息内容选择最恰当的语言结构，有时甚至需要借助句法手段，如添加焦点标记词或调整语序来突出信息焦点（周慧先 2005）。

由于语篇的连贯有语言本体的因素也有语境因素，所以信息焦点也有语言本身促发和语境促发之分，对于信息焦点的类别，徐烈炯和刘丹青（1998）提出焦点存在着凸显（Prominence）和对比（Contrast）两个要素。实际上凸显本身就是通过对比而实现的，尽管徐和刘此处的凸显意味着并非通过和语用预设的对比而突出。我们更倾向于徐烈炯和潘海华（2005）的另一种分类，即存在着语用焦点和自然焦点。语用焦点属于对比焦点，即发话者出于语用考虑会将新的信息突出，赋予重音或其他手段的强调，与已知的语用预设对比，达到追加或者调整语用预设的交际功能。另一方面，语法应该具有相应的自治性质，也具有相对的封闭性，正因为如此，我们才能脱离语言的实际应用环境来研究和对比语言，所以我们可以在形式层面上对语言做一个静态的分析，寻求出语言间的共性和个性，从语言类型学角度上说，各语言间韵律和句法的共性必然导致语篇在语用因素之外存在信息布局的共性，而韵律和句法之间的差异也会导致出信息布局的差异。我们称这种信息焦点为语言的自然信息焦点。与对比信息焦点的差别就在于自然焦点不需要考虑语境因素。由此我们可以得出对比信息焦点更为动态但人类认知共性较强，而自然信息焦点比较固定（刘悦明 2011）。

5.3.4　短时记忆与长时记忆

人们不可能记住所有经历过的信息。有些信息在编码时便丢失了，即便在编码以后，记忆系统还会继续放弃一些次要的信息，而保留最重要的信息。记忆之间的互相干扰也会导致信息的遗忘（黄娟 2004）。

根据识记与保持的时间的长短可以把记忆分为瞬时、短时和长时记忆。瞬时记忆就是在感知事物后极短时间内（如一秒钟左右）的记忆；短时记忆就是经过识记过程，在较短时间内（如几秒至几十秒）的记忆；长时记忆则是在较长时间内（如以日、月、年计的时间）的记忆。上述 3 种记忆除了在获得与保持的时间长短上有区别以外，在其他一些方面也有所不同，如在记忆广度、记忆内容的形象性、信息提取的难易程度以及生理机制方面等等（曹日昌 1980）。

瞬时记忆是指在实验中把材料用极短的时间在受试者面前闪现一次后所产生的记忆。它是由感官直接传入的，因此一般具有比较鲜明的感觉形象性，也可称为感觉记忆。它的保持时间极短，一般认为约在一秒钟左右。它的重现是很容易的。瞬时记忆有一定的广度，如果各项材料间没有特殊的联系，则各种不同性质材料（如数字、字母、无意义音节等）的瞬时记忆广度大约都是 7 个项目（或单元）左右。瞬时记忆的生理机制可能是神经细胞群在刺激后的继续活动。它是由一种短时的电化学反映所引起的，但会随着时间的推移而自动消退，它的活动痕迹的神经组织范围也是比较狭小的（曹日昌 1980）。

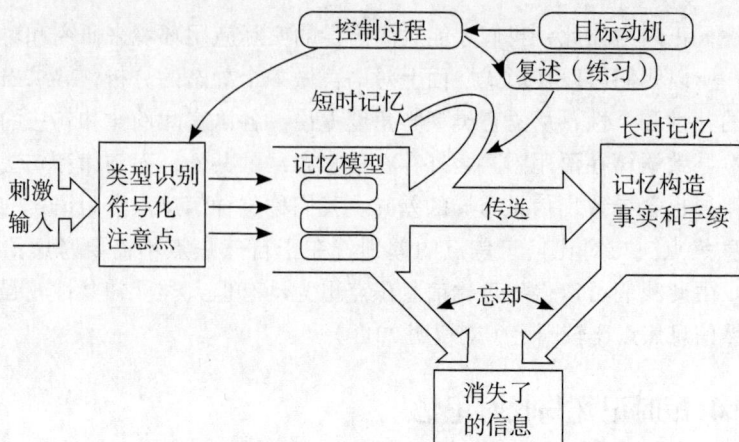

在最近的记忆模型（模式）中，一般假定的
要素和控制流程图

短时记忆（short-term memory）亦称操作记忆、工作记忆或电话号码式记忆。指信息一次呈现后，保持在一分钟以内的记忆。短时记忆中信息保持的时间一般在0.5-18秒钟，不超过1分钟。一般人的短时记忆的广度平均值为7±2个，近年的研究表明，记忆广度和记忆材料的性质有关。如果呈现的材料是无关联的数字、字母、单词或无意义音节，短时记忆广度7±2个，超过这一范围记忆就会发生错误。如果呈现的材料是有意义、有联系的并为人所熟悉的材料，记忆广度则可增加。可通过对信息的编码、再编码，以及适当扩大"块"（chunk）的信息来增加记忆的广度。西蒙（H. A. Simon）1974年以自己做被试的实验表明：他能立刻正确再现单音节的词和双音节的词都是7个；三音节词是6个；由2个单词组成的短语只能记住4个，更长些的短话只能记住3个。他认为把短时记忆的广度说成7个，从大体上说是对的。短时记忆具有意识性。在短时记忆中言语材料信息基本上以言语听觉形式进行编码，动作和空间形象信息基本上以视觉形式进行编码。短时记忆的内容如经复述、编码，就进入长时记忆[1]。

长时记忆是指永久性的信息存贮，一般能保持多年甚至终身。它的

---

1 http://baike.baidu.com/view/621723.htm

信息主要来自短时记忆阶段加以复述的内容，也有由于印象深刻一次形成的。长时记忆的容量似乎是无限的，它的信息是以有组织的状态被贮存起来的。有词语和表象两种信息组织方式，即言语编码和表象编码。言语编码是通过词来加工信息，按意义、语法关系、系统分类等方法把言语材料组成组块，以帮助记忆。表象编码是利用视形象、声音、味觉和触觉形象组织材料来帮助记忆。依照所贮存的信息类型还可将长时记忆分为情景记忆和语义记忆[1]。

短期记忆有着重要的应用价值。例如，打字员看稿打字，翻译人员从听到译，都是靠短时记忆的功能进行操作。之后，并没有保持的必要，则被迅速忘记。

5.4 结语

本章重点分析了向心理论的普遍性问题。首先讨论了语言的普遍性与多样性的问题；然后介绍了向心理论所体现的语言的本质属性，重点介绍了其中两个最典型的特征：语篇语流的线性特征和语言的经济性原则；最后介绍了向心理论体现的人类的认知属性：凸显、可及、焦点、短时记忆与长时记忆。

世界上各种各样的语言尽管千差万别，但它们还是具有一些共有属性，任何一种语言都是共性与个性的结合体。如果某个理论是在语言共性的基础上构建自己的理论框架，那么它就具有跨语言的普遍性。

尽管向心理论最初是基于英语提出来的，但当时研究者的视野是非常开阔的，也是具有前瞻性的，语言的本质属性和人类的认知属性都在考虑之中。所以在向心理论被提出之后，很多研究者纷纷把它应用于自己的语言，向心理论与不同语言的结合，一方面进一步论证了向心理论的普遍性特征，另一方面，研究者们也找到了向心理论在不同语言中的参数。

---

1 http://baike.baidu.com/view/247173.htm

第六章　向心理论的扩展

向心理论是作为一种局部（local）语篇处理模型被提出来的，它只关注语篇的局部现象，即相邻语句之间的关系。它的视野只能涵盖当前语句与前一语句或者当前语句与下一语句。然而，现实的自然语言现象是复杂的，很多语篇现象是超越局部结构的，需要依赖宏观（global）结构才能得到解释。这就促使一些研究者（Grosz and Sidner 1986；Passonneau 1998；Walker 1996；Walker 1998；Cristea，Ide and Romary 1998；Iida 1998）试图把向心理论也扩展到宏观语篇结构之中，使之也能解释某些宏观语篇现象。

如果想扩展向心理论，需要考虑的一个问题是局部语句处理如何与宏观语篇语境联系起来，另一个问题是向心理论如何与宏观语境相互作用，以便决定指称表达的表层形式，如指称形式是选用名词还是代词（Passonneau 1998）。

6.1 **扩展的必要性**

Walker（1998）认为向心理论把语句的运作限定在同一个话语片断之内，会引发至少三个方面的问题：

首先，第一个问题是中心的延续经常会超过话语片断的边界，跨边界的代词性指称表达与同一个话语片断内部的代词性指称表达在形式上没有差异。比如下面这个例子[1]：

1. (29) and he's going to take a pear or two, and then... go on his way

---

1 此例句节选自Pear Stories（梨子的故事）（Chafe 1980；Passonneau 1995），是自然发生的话语记录。

(30) um but *the little* boy□ comes,

(31) and uh he□ doesn't want just a pear,

(32) *he*□ wants a whole basket.

(33) So *he*□ puts the bicycle down,

(34) and he ...

Passonneau（1995）曾做过一个试验，让母语为英语的被试对以上话语片断进行切分，大多数被试把边界放在32句和33句之间。如果要对32句和33句进行向心分析的话，33句实现延续过渡，意指33句在32句的语境中高度连贯。如果仅仅是因为32句和33句横跨话语片断边界，就需要一个不同于向心分析的程序来解释这两句的关系，这看起来似乎没有道理。

第二个问题是听话者在不同水平的颗粒度上感知片断边界（Passonneau and Litman 1993；Hearst 1994；Flammia and Zue 1995；Hirschberg and Nakatani 1996），而且有些边界是模糊的（fuzzy）（Passonneau and Litman 1994）。比如对于例1，7个被试中有5个把片断边界置于第29句和第30句之间，而7个被试中有4个把片断边界置于第32句和第33句之间（Passonneau 1995）。如果向心理论模拟的是普遍性处理现象的话，把片断边界放在这些位置上的被试不用向心理论来处理语篇中的指称表达，而没有放置边界的被试却使用向心理论来进行语篇处理，这是不合情理的。

第三个问题是即使对于同一个话语片断内的语句，等级层次上邻近和线性邻近是有强烈反差的。简单来说，如果U$_i$与其后的U$_{i+j}$在语篇中的物理位置上邻近，我们称之为线性邻近；而如果它们处于不同的层次结构中，因层次结构的原因而邻近，我们称之为层次邻近。参看例2和例3，其中例3是例2的变体（Pollack et al. 1982，转引自Walker 1998）：

2. (4) C: Ok Harry, I have a problem that uh my – with today's economy my daughter is working,

(5) H: I missed your name.

(6) C: Hank.

(7) H: Go ahead Hank

(8a) C: *as well as her uh husband.*

(8b) They have a child.

(8c) and they bring the child to us every day for babysitting.

3. (4) C: Ok Harry, I have a problem that uh my – with today's economy my *daughter is working,*

(5) H: I missed your name.

(6) C: Hank.

H: I'm sorry, I can't hear you.

C: Hank.

H: Is that H A N K?

C: Yes.

(7) H: Go ahead Hank.

(8a) C: *as well as her uh husband.*

(8b) They have a child.

(8c) and they bring the child to us every day for babysitting.

例2的结构可以通过图式表示如下：

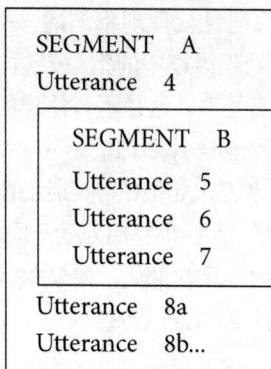

```
┌─────────────────────────────┐
│ SEGMENT   A                 │
│ Utterance   4               │
│   ┌───────────────────────┐ │
│   │ SEGMENT   B           │ │
│   │ Utterance   5         │ │
│   │ Utterance   6         │ │
│   │ Utterance   7         │ │
│   └───────────────────────┘ │
│ Utterance   8a              │
│ Utterance   8b...           │
└─────────────────────────────┘
```

　　例2的第5句中，脱口秀主持人H，打断了打入电话者C的话，问询他的名字。第（8a）句中，打入电话者C又接着第4句继续它刚才的问题陈述，似乎第4句刚刚说过。所以第（8a）句可以看作与第4句在同一个话语片断内。例3的整体结构与例2类似。

6.2 不同的扩展思路和尝试

自向心理论被提出之后，人们就注意到了其局部性，但是由于其理论模型的简洁性和完整性，人们自然而然地就想到向心理论的局部性能否被突破，也就是说，向心规则能否不仅仅用于相邻两句，也用于语篇的宏观结构。最重要的是，有些语篇现象，如长距离回指、语篇中断，在局部结构中无法得到解释，必须依赖语篇的宏观结构，这也促使相关的研究者开始了把向心理论和宏观结构结合起来进行研究的探索。这里我们重点介绍三个比较典型的扩展思路和尝试：堆栈模型、缓存模型和脉络理论。

6.2.1 堆栈模型[1]

Grosz and Sidner（1986）认为语篇结构是由三种不同但又相互关联的成分构成的，它们分别被称为语言结构（the linguistic structure）、意向结构（the intentional structure）和注意状态（the attentional state）。语言结构是指语句的序列结构，它包括由语句自然聚合而成的语篇片断（discourse segment）。意向结构是指语篇的目的（purpose）结构，它能反映在每个语言片断内以及语言片断关系中所表达的各种与语篇相关的目的。注意状态是指注意焦点（focus）的状态，它是对语篇参与者注意焦点的抽象。注意状态是动态的，它可以记录语篇任何一点上所凸显（salient）的对象、特性和关系。

Grosz and Sidner（1986）对注意状态的深入探讨可以被归纳为堆栈模型（stack model）。Grosz and Sidner（1986）认为注意状态可以通过一系列的焦点空间（focus space）来模拟。焦点空间的变化通过一系列转换规则模拟出来。在任何某一时刻可用的焦点空间的集合称为"聚焦结构"（focusing structure），操控空间的过程称为"聚焦"（focusing）。注意状态包括两个成分：宏观的和微观的。宏观的成分模拟语篇片断间的注意状态的特性，微观的成分可以模拟片断内注意状态的变化。宏观注意状态就像是一个堆栈（stack），被称为"焦点空间堆栈"（focus space stack）。

焦点空间堆栈赋予每个语篇片断一个空间，每当这个空间被激活

---

1 这一节内容主要参考王德亮（2008）中对聚焦空间堆栈的介绍，有略微改动。

（activated），此片断包含的那些实体（entity）的表征（representation）就会进入凸显状态。堆栈关系代表了相对的凸显性（salience）。堆栈顶部的空间对应的是当前的语篇片断。顶部以下的空间对应的是嵌入当前语篇片断中的其他语篇片断，他们已经开始，但还没有完成。在堆栈中，位置越低，空间中实体的可及性就越小。这就表明，当前语篇片断中实体的凸显性比其他嵌入的语篇片断（即在堆栈中位置较低的语篇片断）中的实体凸显性高。当一个语篇片断完成，它所对应的空间就从堆栈中弹出（pop），其中聚焦的实体的可及性就会变小，除非它们还处于堆栈中的其他空间中。

　　下面以图说明，请看图1，图2，和图3。

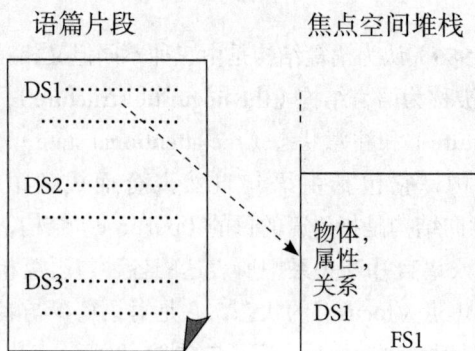

图1

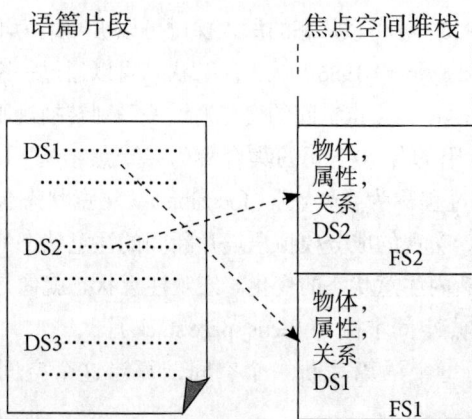

图2

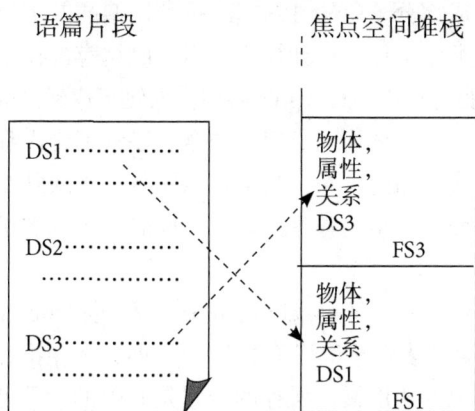

图3

先看图1，图的左边代表语篇片段（discourse segment，简称DS），图的中间代表焦点空间堆栈。在语篇处理的第一个阶段，读者或听者首先接触到的是第一个片段，称为DS1，这时就会激活堆栈中与之对应的一个焦点空间，称之为FS1，DS1中的语言实体（包括物体、属性和关系）都被激活，处于凸显状态。

随着语篇的展开，读者开始处理第二个片段，DS2，如图2所示，DS2中的语篇实体被激活，这时，他们就会被推入（push）堆栈中，处于堆栈的最顶层，在DS1的上面，这时，DS2所对应的焦点空间称为FS2，FS2中的语言实体的凸显性最高，FS1中的实体的凸显性稍低。

语篇处理继续进行，处理完第二个片段，读者开始处理第三个片段，这时，FS2就会从堆栈中弹开[1]，DS3被推入堆栈，FS3被激活。

6.2.2 缓存模型

Walker（1998）提出用缓存模型（Walker 1996）来替代堆栈模型，从而可以把向心理论和宏观语篇结构模型结合起来。

缓存区（cache）是一个容易进入的、暂时性的信息储存位置，是计

---

1 当然，如果这个语篇片断还没有结束，有些成分嵌入当前语篇片断，他们就还待在原位，当前语篇断压到他们上面，这就是上图中，为何我们保留了FS1，因为，一般说来，DS1可能包含宏观焦点，会继续被讨论，如此，他们就嵌入到其他语篇片断中。所以FS1被弹开的可能性较小。

算过程中常用的重要组成部分（Stone 1987）。缓存模型的基本思想是，处理语篇时缓存的作用类似于程序在计算机上运行时缓存的作用。正如语篇结构可以被组织成目标和次目标（subgoal），以便于达到语篇目的，一个计算机程序也可以从等级结构上组织成惯常程序和惯常次程序，以便于整个惯常程序的完成。如此一来，当语篇意图具有等级结构时，缓存可以被用来处理指称和等级结构程序的运作，同时也可以被用来模拟注意状态。

缓存模型有两类内存：主内存（main memory）和缓存（cache）。主内存代表长时记忆；缓存代表短时记忆（Baddeley 1986）。主内存比缓存容量大得多，但信息提取的速度慢。缓存的容量是有限的，是可以即时进入的内存储存区。对缓存容量的测量是基于前人研究的发现成果做出的（Kintsch 1988；Miller 1956；Alshawi 1987）。

缓存容量假设：缓存只能容纳两个或三个句子，或者相当于大约七个命题。

基于缓存容量假设，可以把线性邻近的语句数量设定得与缓存容量的参数一致，那么线性邻近的定义就更加准确了：

U_i 与 U 线性邻近，当且仅当 U_i 出现在 U_j 之前的线性邻近的三个语句之内。

缓存与主内存之间有三种运作方式：缓存中的信息（item）可以优先性地被保留（retain）到主内存，主内存中的信息可以被提取（retrieve）到缓存，缓存中的信息也可以被储存（store）到主内存。当新信息从主内存被提取到缓存中，或新信息从外在事件中直接进入缓存时，缓存中其他的信息会被转移到主内存，因为缓存的容量是有限的。

至于什么样的信息会被移走，这是由"缓存替换原则"（cache replacement policy）决定的。缓存模型中的缓存替换原则是基于前人对回指处理中距离的影响的研究（Clark and Sengul 1979；Hobbs 1976；Hankamer and Sag 1976）所做出的暂定假设（working assumption）。

缓存替换原则假设：缓存中最先被提及的信息会被转移到主内存，除非这些信息是优先保留下来的。

缓存模型包括一些关于语篇处理的具体假设。语篇处理是对缓存中的成分进行的处理。推理所需的所有前提必须同时在缓存中出现（McKoon and Ratcliff 1992；Goldman 1986）。如果要从两个分离的片断中推导出一种语篇关系的话，那么这两个片断的表征必须同时出现在缓存中（Fletcher et al. 1990；Walker 1993）。回指的共指词（cospecifier）必须出现在缓存中，以便进行自动消解或者战略性地提取到缓存中，以便对回指词进行阐释（Tyler and Marslen-Wilson 1982；Greene et al. 1992）。不论何时，缓存中包含的成分是一个动态集合（working set），其中包括正在参与语篇过程的语篇实体，如实体、属性和关系（Walker 1998）。

缓存模型和堆栈模型的区别可总结如下（Walker 1998）：

• 从属于当前意图的新意图：

堆栈模型：推入新的焦点空间

缓存模型：新的实体被提取到与新意图相关的缓存中，旧实体会留存下来直至被移走。

• 交谈双方明确或不明确地共同完成的意图：

堆栈模型：此意图的焦点空间会从堆栈上弹开，焦点空间中的实体不再可及。

缓存模型：不会为已完结的意图保留实体，但因为它们还在缓存中，他们仍然可及，直到它们被移走。

• 从属于先前意图的新意图：

堆栈模型：弹开干扰片断的焦点空间，先前意图的焦点空间在弹开后仍然可及。

缓存模型：与先前意图相关的实体必须从主内存中提取出来，除非它们本来就留存在缓存中。

• 从中断中回来

堆栈模型：中断的长度和深度与处理难度不相关。

缓存模型：中断的长度或者处理难度可以预测是否需要从主内存中进行提取。

• 向心理论

堆栈模型：焦点堆栈机制与向心理论没有明确的关系。

缓存模型：中心是缓存中要素的子集，向心理论为缓存中实体的凸显性排序提供了更精细的机制。

6.2.3 脉络理论[1]

脉络理论是由Cristea，Ide 和Romary（1998）提出的，它旨在把向心理 论（Centering Theory）（Grosz，Joshi and Weinstein 1995；Walker，Joshi and Prince 1998）的应用范围扩展到宏观语篇。脉络理论可以说是一种处理宏观语篇的理论模型，它可以考察宏观语篇的衔接和连贯。该理论弥补了向心理论的缺陷，为宏观语篇处理（global discourse processing）的研究提供了崭新的思路。

脉络理论中最基本的两个概念是领首（head）和脉络（vein），他们是反映节点（node）在整个树形结构中的地位的两个指标，每个节点，不管是终端节点（terminal node）还是非终端节点（non-terminal node），都处于一定的领首网络和脉络网络之中。脉络理论给出了一系列规则，根据这些规则，可以计算出每个节点的领首标记和脉络标记。下面，我们首先介绍一下它们的计算过程（Cristea，Ide & Romary 1998）。

在计算中，会用到以下几个函数：

• mark（x）是一个标记函数，给输入的字符串加上某种标记，如加上括号。

• simpl（x）是一个简化函数，它可以把输入的字符串中的括号去掉，以做简化，如：simpl（a（bc）d（e））=ad。

• seq（x，y）是一个顺序函数，如果输入的是两个终端节点的连续字符串x和y，那么输出的将是x和y自左至右排列的一个序列x/y。这个函数会保留括号，并且如果是空位（nil）的话，输出也是空，如seq（nil，y）= y。

下面是领首标记和脉络标记的计算规则：

领首标记：

1. 终端节点的领首标记就是它本身的标号（label）[2]。

2. 非终端节点的领首标记是其核心子节点领首标记的并置（concatenation）。

脉络标记：

1. 根节点（root）的脉络标记与其领首标记相等。

2. 对于每个核心节点，如果其父节点的脉络标记是v，那么它的脉

---

1 这一节内容已经单独发表（王德亮 2006），引用时有改动。

2 在切分语句时，每个语句前按顺序加了罗马数字，这个数字就是其标号。

络标记是：

　　1）如果这个节点的左边有一个领首标记为h的非核心兄弟节点
　　（sibling），那么seq（par（h），v）；

　　2）否则，v

3．对于每个非核心节点，如果它的领首标记为h，它的父节点的脉络标记为v，那么它的脉络标记为：

　　1）如果这个节点是其父节点的左子节点，那么seq（h，v）；

　　2）否则，seq（h，simple（v））.

注意，领首标记的计算是自下而上（bottom-up），而脉络标记的计算是自上而下（top-down）。

下面举例说明（Cristea，Ide & Romary 1998）：

4．1）According to engineering lore,

　　2）the late Ermal C. Fraze,

　　3）founder of Dayton Reliable Tool & Manufacturing Company in Ohio,

　　2a[1]. came up with a practical idea for the pop-top lid

　　4）after attempting with halting success to open a beer can on the bumper of his car.

根据上述规则，我们就可以计算出其脉络结构。如图4（Cristea，Ide & Romary 1998）。

图4：例4的树形结构和脉络示意图

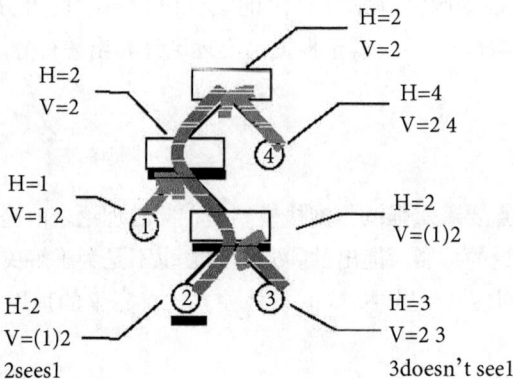

H=2
V=2

H=2
V=2

H=4
V=2 4

H=1
V=1 2

④

H=2
V=(1)2

①

H-2
V=(1)2
2sees1

②　③

H=3
V=2 3
3doesn't see1

---

1 这里表示，2a是2的一部分，2是一个分裂语句。

脉络理论不同于RST，它给出的是两分的树形结构。中间的灰线代表的是这个树型结构的主动脉，它从根节点开始，延伸到核心子节点。辅助脉络附着到主动脉上。与每个节点对应的脉络标记代表的是它的可及域。由上图可以看出，单元（unit）[1]到单元1是可及的，但是单元3到单元1是不可及的。

计算出每个单元的领首和脉络标记之后，下一步就是计算其可及域DRA。一个单元的DRA是指在其脉络标记中出现的单元序列。可以从形式上定义如下：

对于每一个终端节点u，如果它的脉络标记是vein（u），那么它的可及性可以通过以下函数得出：acc（u）= pref(u, unmark（vein（u）)），其中，

- vein（x）是计算x脉络标记的函数，
- unmark(x)是一个函数，它可以把输入字符串的标记去除，如去除括号。
- pref是一个函数，它有两个论元（argument），第一个论元是第二个论元序列中的一个成员，通过这个函数，我们可以得到第二个论元序列中在第一个论元前面的部分（也包括第一个论元本身）。例如，如果α和β是标号（label）的字符串，u是一个标号，那么pref（u, αuβ）=αu，也就是说，在u之前的符号都取出来了，当然也包含u。

脉络理论还有两个推论（conjecture）：

推论一：一个单元中的照应（reference）只有在其可及域DRA中才是可能的。

推论二：根据脉络理论计算出的宏观语篇平滑度得分（smoothness score）不应低于根据向心理论计算出的得分。

6.3 评论

首先有一点要着重强调，堆栈模型是在向心理论之前提出的，它并不是作为向心理论的扩展而提出的。它的初衷也不是为了解决向心理论的局限性。从本质上讲，堆栈模型也不是独立的、完整的理论模型，它只是

---

[1] "单元"是Cristea , Ide 和Romary（1998）所做的语篇切分单位，它可以是一个词组，也可以是一个从句。它的界定比较灵活，因为它不会影响脉络理论的运行机制。

Grosz & Sidner（1986）研究语篇结构时所提出的语篇处理时对注意状态的模拟思路。即使Grosz和Sidner她们自己也没有强调堆栈的宏观性，它只是语篇三分结构（语言结构、意图结构和注意状态）的一个方面而已。

然而，缓存模型是在堆栈模型基础上提出的。提出它的初衷是为了解决向心理论的局部性问题。同时吸收了心理学的短时记忆和长时记忆的概念，以及计算机科学中的缓存概念。缓存模型的另外一个初衷是为了解决长距离回指的问题。长距离回指的语篇跨度一般比较大，先行词和回指词一般比较远，通常会跨过语篇片断的界限。所以，如果要消解长距离回指的话，必须要考虑语篇的宏观结构。向心理论原有的理论模型无法满足这种需要。可以说，缓存模型是把向心理论应用于宏观结构的有益探索。

脉络理论的初衷是为了弥补向心理论的缺陷，把向心理论的应用范围扩大到宏观语篇，它吸收了堆栈模型和修辞结构理论的一些思想，提出了自己的理论框架。脉络理论为宏观语篇处理提出了一条崭新的思路，有其自身的优越性。

脉络理论可以为照应与语篇结构之间的关系提供更好的解释和理解，克服了只从线性结构中寻找照应关系的弊端，更符合照应的复杂性和多样性的客观现实。

脉络理论比修辞结构理论更加简约，它只需要辨认核心结构和辅助结构，不需要考察具体的修辞结构关系。

脉络理论还不受语篇片段颗粒度（segment granularity）的影响，从一个较细（finer）颗粒度转变到较粗（coarser）颗粒度时，脉络理论仍然是起作用的。如例1，在本文中是按照较细的颗粒度来分析的，其实，它整体来看，可以只算做一个单元。如果它出现在一个更大的语篇中，我们也可以计算出它的脉络（虽然，这个脉络可能会短一些，因为要考虑的单元少一些）。脉络理论的这一特点，Cristea（1998）已经给出了形式上的证明。与其他理论相比，脉络理论的这一特点非常重要，因为其他理论都强调颗粒度的稳定性（Walker 1996）。

脉络理论因其优越性，应用广泛，可以被用于自动文摘和回指消解。特别是对于长距离回指的消解，脉络理论提出了很好的思路。

但是，脉络理论也有其自身的缺陷，它继承了修辞结构理论的树形结构的思想，在计算机自动处理过程中，辨认核心结构和辅助结构一直是个难题。有些研究者是通过连接词来识别修辞关系的（Miike et al. 1994；Ono et al. 1994），首先确定修辞关系，然后确定核心结构与辅助结构。但是，如果文章中连接词的数量很少，那么修辞关系就很难识别。所以，如果要把脉络理论成功地运用于语篇处理，还有一些困难要克服，这也是未来工作的方向。

总之，脉络理论是宏观语篇处理的新思路，对自然语言处理的发展和计算语言学的研究都有重大的意义。

第二部分
向心理论的交叉研究

第七章　向心理论与关联理论

向心理论尽管有很多优点，但是也有不少不足之处。向心理论追求简约、易操作和形式化，这可能在一定程度上会损害其解释力，因为语言现象是纷繁复杂的，有些时候，很难用几个形式化的规则把它们全部囊括其中。尤其是在解释语篇回指现象时，向心理论的这一弱点尤其突出。有些回指现象对语境的依赖程度很强，仅仅从语言层面很难加以区分。这也促使一些研究者转而求助于语用学的理论，尤其是关联理论。希望这些语用学理论能够弥补向心理论的缺点。

本章我们将着重探讨一下向心理论与关联理论相结合的可能性。首先，我们将简介关联理论的基本概念，关联理论对于回指消解的研究思路；然后，我们将说明一下向心理论中引入关联理论的必要性。最后我们将介绍关联理论与向心理论相结合的可能性，以及结合之后的效果问题。

7.1　关联理论

1986年，Dan Sperber和Deidre Wilson在《关联性：交际与认知》（Relevance：Communication and Cognition）一书中系统提出了"关联理论"（Relevance Theory）。这迅速引起了西方语言学界的广泛兴趣。关联理论对语用学的发展产生了革命性的影响。

作为一门阐释交际的语用学理论，关联理论得益于会话理论的先导者Grice（1957；1975）对意义和会话的分析。在Grice会话原则的基础上，关联理论又有创新，部分地修正了Grice的理论，渐成一家之言（张亚非1992）。

7.1.1 Grice的会话含义理论

　　美国语言哲学家Grice于1967年在哈佛大学的William James讲座上提出了会话含义理论。他指出谈话是受一定条件制约的，人们的交谈之所以不会成为一连串互不连贯的话语是因为谈话人都遵循一个目的，相互配合。他把这种共同遵守的原则称为"合作原则"。该原则包括四条准则：

　　（一）量准则：所说的话包含当时交谈所需要的信息，所说的话不应包含超出需要的信息。

　　（二）质准则：不要说你相信是虚假的话，不要说证据不足的话。

　　（三）关系准则：要说相关的话。

　　（四）方式准则：说话要简洁，明快，有条不紊，特别要避免隐晦、歧义。

　　前三条准则与说话内容有关，回答"说什么"的问题；第四条准则与表达方式有关，回答"怎么说"的问题。Grice理论的要点，并不是放在对准则的遵守方面，而是更注重准则如何被违反的种种情况。Grice的合作原则只解释了人们间接地使用语言所产生的会话含义及其对会话含义的理解推导，却没有解释人们为什么要违反合作原则，要以含蓄的、间接的方式表达思想进行交流。

　　为了弥补合作原则的这一不足，英国著名的语言学家Leech从修辞学、语体学的角度出发，提出了"礼貌原则"，认为人们在会话中之所以违反合作原则是出于礼貌，从而丰富和发展了Grice的会话含义理论。

　　Grice会话含义理论的学术价值受到普遍的肯定，但是该理论面临一个主要的问题：谈话准则的冗余和异质问题。Levinson把Grice的合作原则简化为三条原则，即量原则（Q-principle）、信息原则（I-principle）和方式原则（M-principle）。1991年Levinson正式把他的会话含义三原则称为"新格赖斯语用机制"（neo-Grician pragmatic mechanism）。简言之，量原则规定说话人尽量多说，受话人尽量不多听；信息原则要求说话人尽量少说，受话人尽量多听；方式原则规定说话人不无故使用标记语，受话人借此推出"怪异必有其故"。为了使三原则不自相矛盾，Levinson（1987）对此相互关系做出具体规定：Q原则>M原则>I原则。

7.1.2 Sperber & Wilson 的关联理论

Sperber和Wilson（1986/1995）从认知的角度出发，提出了颇具影响力的关联理论，该理论对明示推理交际现象作了系统的阐述。"明示"和"推理"是交际过程的两个方面。"明示"是对发话者而言的，发话者借此尽可能明白无误地表达交际意图，让自己的话语与当时的语境相关；"推理"是对受话者而言的，受话者借助发话者提供的明示交际行为，结合情境语境与认知语境推导出话语的含义。关联理论认为，在交际过程中，发话者必须选择最具关联性的刺激信号，让受话者付出最小的信息处理成本，以便最有效地满足他的交际意图。

关联理论（Sperber &Wilson，1986/1995，1987）以关联性的定义和两条笼统的原则作为基础，这两条原则是：认知原则——人类的认知倾向于同最大程度的关联性相吻合；交际原则——话语会产生对关联的期待。

> 关联的认知原则：
> 人类的认知倾向于同最大程度的关联性相吻合。

> 关联的交际原则：
> 每一个话语（或推理交际的其他行为）都应设想为话语或行为本身具备最佳的关联性。（Sperber & Wilson，1986/1995:260）

在关联理论中，关联性被看做是输入到认知过程中的话语、思想、记忆、行为、声音、情景、气味等的一种特性。当输入内容值得人们加工处理时，它就具有关联性。那么，至于什么会使输入内容值得人们去加工处理则可以根据认知效果和处理过程付出的努力这两个概念加以解释。当输入内容（如话语）在可以做出假设的语境中进行加工处理时，它通过修正或重组这些假设就能产生出某种认知效果。在其他条件相同的情况下，处理某一输入内容所取得的认知效果越大，其关联性就越强。然而，该输入内容的加工处理和认知效果的取得，心理上是需要付出一定的努力的。在其他条件相同的情况下，为进行加工处理而付出的努力越少，其关联性就越强（Wilson 2000）。

关联性:

认知效果越大，关联性就越强；为进行加工处理而付出的努力越少，关联性就越强。

根据关联的认知原则，人们将注意力和需要加工处理的信息都放在那些看上去有关联的信息上面。根据关联的交际原则，说话人要对某人发话时就期待话语具备最佳的关联性。当话语具备足够的关联性而值得听话人去进行加工处理，特别是当话语具有最大关联性、说话人又愿意并且能够把它说出来，那么这个话语就是最佳关联性话语。

最佳关联性:

一个话语具有最佳关联性，当且仅当它起码要具备足够的关联，值得对它进行加工处理；它与说话人的能力及偏爱相一致，是具有最大关联的话语。

听话人理解话语的主要目的是为符合最佳关联的期待找出解释（Wilson 2000）。

7.1.3 关联理论与回指消解

回指现象（anaphora，也称照应、前指）是一种重要的指称形式和篇章语义衔接手段，是语篇中隐含的一种意义关系。它是指一个词或短语在语篇中用来回指同一语篇的另一个词或短语的概念。回指可分为直接回指（direct anaphora）和间接回指（indirect anaphora）（Erku & Gundel 1987）。直接回指是指回指成分与先行成分存在明显的互指关系（co-reference）；而间接回指中的回指成分与先行成分之间的互指关系不明显，必须通过间接推理才能确立（王立梅 2011）。

关联理论可以利用其基本原理来对间接回指语进行解释。其基本的思想是，伴随着受话者（addressee）对话语信息沿线性结构依次进行认知理解，如果接触到的是全新信息，大脑会为其建立起一个新的情景框架，以备接纳与之相关的其他信息。然而，大部分信息都不是全新的，它们都会多多少少地与受话者已有的信息或者说是已经建立起的情景框架产生某些重叠，所以，当这些信息被输入时，原有的情景框架就会由于新信息的输入而得到某种程度的改造，产生出新的认知语境，进而去吸纳后续的信息，如此循环往复下去，使认知语境处在一种不断变动的状态之中。作为间接回指项的成分都不是全新信息，它们需要与在前述话语中建立起来的语境产生一定的关联，这种关联建立的基础就是回指项与先前认知语境中的某一成分必须呈同指关系，但前述话语中的同指成分并不是明示的，而是需要通过一定的推理才能确定下来，由此需要付出一定的加工努力（processing efforts）。根据关联理论，受话者对信息的加工处理都要力求达到一种最佳关联，而与此同时只需付出最小的加工努力，所以，努力使两者保持某种平衡是话语交际得以顺利进行的一种保证（王军 2003）。

关联理论分析间接回指的突出之处是对于有多个先行成分的回指有着较强的解释力。如果不考虑发话人为达到某种特定交际效果，如表达简洁、避讳，或文学作品的朦胧意境等而有意模糊回指对象，以及因语言本身的模糊性、交际者认知水平和其他语用因素造成的歧义回指。一般来说，回指应该是明确唯一的，而不是模糊歧义的，这样才有利于交际的成功达成。而当一个回指语对应两个或以上的先行语时，尤其是根据不同的语境信息判断相互矛盾时，如何确定回指语的指称一直是一个棘手的问题，也是各间接回指分析模式的薄弱环节。例如下面这个句子：

(1) I prefer Edinburgh to London. I hate the snowy winters. [London or Edinburgh?]

这个例子出现在Matsui的问卷调查中，对于问题：Where does the speaker hate the snowy winters? 受试者所做的选择如下：Edinburgh 0% — London 100%。对于这个句子可以理解为：因为讨厌伦敦下雪的冬天，所以更喜欢爱丁堡；也可以理解为：虽然讨厌爱丁堡下雪的冬天，但仍然更喜欢爱丁堡。受试者为什么都选择了前者？关联理论对此的解释是，当受话人理解话语时，会在头脑里形成几种假设，如果一个假设可以让受话人不用付出无谓的认知努力，而能够获取足够的认知效果，他就会选择这一假设。上面两种解释都能取得关联，形成语境假设，但前者无须太费力就能够获取所期望的解释，而后者就需要受话人付出更多的认知努力（王立梅 2011）。

尽管关联理论还有某些不尽如人意的地方（Levinson 1989，Giora 1997b，1998），但总体而言，关联理论仍可视为一种解释力很强的认知理论，它揭示了话语认知心理中最为基本的东西，即篇章之所以为篇章，根本在于篇章概念之间的关联性，只要篇章延续下去，关联性这一纽带也会伴随始终。同时，我们可以看到，先前的几种间接回指的解释理论，以及其他试图对间接回指进行解释的理论（如可及性分析理论（accessibility analysis）（Ariel 1990：184-190），从心理学角度对不同的间接回指项进行解读时间的计算分析（Lavigne-Tomps & Dubois 1999：399-415），以及研究间接回指项与先行项之间的篇章距离对解读的影响（Clark & Harviland 1977），等等，都不可避免地涉及关联性这一问题（王军 2003）。

7.1.4 简评

关联理论是对P. Grice "会话原则"的批判和发展，和 "会话原则"有着紧密的联系，但它并不是对Grice "会话原则"四范畴之一 "关联"（Grice，1975）的简单扩充和修正。它综合了当代认知科学、语言哲学和人类行为科学的研究成果，因而其理论背景是多源性的（曲卫国 1993）。

关联理论提出的理解过程适用于对任何方面作解释，不仅适用于揭示隐含，而且适用于识别明说的内容和意想中的语境假设。这样，语用学的研究范围增大了，开辟了新的研究领域。例如，根据关联理论，为理解话语所需的语境不再被当成事前固定不变的，而是作为理解过程的组成部分，这个想法是值得仔细探讨的。此外，根据这个理论，明说交际已不再看作是一种纯粹的解码活动，它还包括推理的成分。如果按照关联理论对理解过程的解释，一个甚至是零碎、含糊的语言意义都可以提供关于说话人意图的有力证据，这对分析语言意义本身可能有启发作用（Carston 1998；Sperber & Wilson 1998）。

此外，关联理论提出的理解过程与心理学最近提出的模块论也很吻合。关联理论的近期研究表明，这种过程可能是先天理解 "模块"的一部分，有其自身的发展与衰竭形式。这可能使语言习得与交际的研究产生新的启示，开创出新的领域。

关联理论语用学对Grice关于交际本身特性的一些基本假设产生了疑问，它不赞同交际必须要Grice所说的合作：为使交际取得成功，说话人和听话人唯一的共同目标就是要理解对方以及被对方理解。交际不是以准则为基础的：关联的交际原则不是准则，而是有关交际的必然认识；说话人不需要知道它就可以进行交际，而且一旦交际也不会违反它。因此，真正、故意地违反准则在关联理论中毫无作用，我们对Grice视为违反准则的例子，特别是隐喻、反语的例子，必须重新做出分析（Wilson 2000）。

关联理论从认知学的角度阐述并修正了Grice的会话理论，提出语言交际是一个认知过程，是必须依靠推理思维来进行的新的语用学观念，并建立了颇具解释力的关联原则，希望依靠这一原则说明自然话语理解中的诸种语用现象。这对克服以往语用理论的笼统性和任意性，使之逐渐成为一门严谨系统的语言科学，无疑是一种有益的尝试。关联理论现存的主要问题是，它趋于肯定语用推理结论的必然性，对其或然性认识和论述不足；并且采取了将主体思维在话语交际中的作用理想化、形式化和运算化的做法，忽视了主体间的差异的复杂多变性及其对语言交际可能产生的重要影响。

7.2 向心理论中引入关联理论的必要性

向心理论自被提出之日起，就被广泛应用于回指消解的研究，并且取得了显著的成绩。但随着研究的深入，人们发现向心理论也并不是万能的，它对于某些类型的回指现象，无能为力，尤其是当它被应用到主题凸显性语言（topic-prominent language，如汉语、日语等）中时，它的某些缺陷更加明显，因为在这种类型的语言中，最凸显的语义实体往往以省略的形式，即零形式出现。

Walker，Iida & Cote（1994）在研究日语语篇及日语零形代词的解析时，对经典向心理论进行了某些修正。他们提出，日语Cf排序的规则应该是：

(Grammatical or Zero) TOPIC > EMPATHY > SUBJECT > OBJECT2 > OBJECT > OTHERS

他们认为日语中一句话的主题最容易在下一句中实现为零形式，因为主题具有最高的可及性。由此，他们提出了零形主题指派（Zero Topic

Assignment）规则：

当U_{i+1}中的零形式指代的是上一句的Cb时，而且没有其他的延续过渡可用，那么此零形式可以被认为是U_{i+1}的零形主题。

尽管Walker，Iida & Cote（1994）对于向心理论做了很大的修改和补充，但是Matsui（1999）认为在某些情况下，回指的解析过程不能仅仅依赖可及性，因为有些指称解析过程需要语用推理才能完成。

7.2.1　多个主题共现问题

Walker，Iida & Cote（1994）的研究思路的一个最明显的缺点是它不能处理一句话中有不止一个主题的情况（Matsui 1999）。在他们的框架中，为了识别零形回指，必须首先辨识上指中心Cb。而Cb又是由下指中心Cf的排序方式决定的。所以，在他们的框架中，起最重要作用的就是下指中心排序模板。然而，由此模板可见，每个句子的每个范畴中，只有不多于一个实体时，它才起作用。也就是说，如果某个范畴中有多于一个实体时，此模板就不知道应该把多出来的实体放到什么位置上了。在Walker，Iida & Cote（1994）的框架中，主题标记词"*wa*"被给予了特殊的地位，它的影响力如此之大，以至于主题NP即使出现在语篇的篇首，也被当成是排序最高的Cf。另外，一旦主题NP实现为Cb，只要在后续语篇中仍然被实现为零形回指，那么它很可能继续担任Cb。主题NP的这一特殊地位使得多主题的出现成为可能。多主题共现的情况在日语语篇中非常常见，如（Matsui 1999）：

    (2) (a) *Mary to Jane wa shinyuu da.*

        and TOP best friends are

      Mary and Jane are each other's best friend.

      (b) *Senshuu no Doyoubi, Mary wa kaze o hiite nete–ita*

      Last week GEN Saturday TOP cold ACC had lying–was

      Last Saturday, Mary has a cold and was lying on the bed.

      (c) *Itsumo no youni, Jane wa ohiru goro denwa shita.*

      Always GEN as TOP noon around telephone did

As always, Jane phoned (Mary) around noon.

(d) *0 0 eiga ni sasou tsumori data.*

film to invite planning to was

(She) was planning to invite (her) to a film.

然而，多主题共现的情况会给Walker等人的框架带来麻烦。2（d）的最佳解析是"Jane was planning to invite Mary to a film"。Walker等人的解释是"Jane"在2（d）中是Cb，所以它做主语。但是，根据他们的框架，另一种解析，即"Mary was planning to invite Jane to a film"同样是可行的，因为"Mary"在2（d）中也可能继续作Cb。问题是在他们目前的框架下，Walker等人没有提供一个选择一种解析，排除掉另一种解析的机制（Matsui 1999）。

当多个实体具有同样程度的可及性时，可能还会存在其他问题。如，在日语句子中，语气助词wa和ga不能出现多于一次。所以，日语句子中不会出现两个显性标记的主题或主语。但是同一句话中，可能会有两个或多个NP具有差不多的凸显性，比如，名词短语中一个作为修饰语，另一个作为中心词。名词修饰语之后有表示所有格的助词no出现。如下例：

(A memo written by a man, and addressed to his wife)

(3) (a) *Kooto no botan ga toreta.*

coat GEN button SUB came off

One of the buttons of (my) coat has come off.

(b) *0 0 sagashi-temo, 0 mitsukaranankatta*

(I) tried to find (it), but failed.

(c) *Kyou jyuu ni 0 0 0 sagashite tsukete-hoshii*

Today within at find fix-want

(I) want (you) to find and fix (it) today.

(d) *Ashita 0 0 hitsuyou da.*

tomorrow need

Tommorrow, (I) will need (it)

在此例中，第一句中的"one of the buttons of my coat"被作为主语引

入。需要特别注意的是，这一NP引入了两个概念实体，即 "coat" 和 "button"，而二者都是可及的。现在的问题是Walker等的框架能否处理此例的情况。对于第二句，最合理的解释是说话者希望他妻子今天找到并把纽扣钉好。Walker等人的框架可以成功预测出 "the button" 是第二句和第三句的Cb。但是，对于第四句，合理的释义是说话者明天需要这件衣服 "the coat"，而不是纽扣 "the button"。但是Walker等人的框架无法做出这样的解释。Matsui（1999）认为日语语篇中大量存在上面例句中的情况，即一句话中可能会有不止一个凸显性相当的实体，这些实体具有同样的可能性，都有可能成为下文中零形代词的所指。所以，我们需要一个有效的机制，为回指词从多个有竞争力的候选项中选择一个合适的所指。从目前开来，Walker等人的框架无法满足这样的需求。

7.2.2 转换状态的排序问题

　　根据向心理论规则二，当一个句子存在不止一种可能的解释时，能够呈现连续过渡（CONTINUE transition）的解释将被优先选出。这一规则是基于以下假设：最连贯的语篇片断需要最少的处理努力（processing effort），并且听话者倾向于选择需要更少处理努力的阐释。但，事实上，语言中存在大量的与此相反的实例，也就是说，有时候，说话者表达的真实意图可能需要选择其他的过渡状态，而不用最优选的延续过渡。请看下例：

　　(4) Mary [1] *Kinou 0 Peter to denwa de jikan o kakunin dekita?*

　　　　　　　Yesterday with telephone by time ACC confirm could

　　　　　　　Could you confirm the time with Peter by phone yesterday?

　　John [2] *Iya, 0 dekinakatta.*

　　　　　　　no couldn't

　　　　　　　NO, (I) couldn't

　　John [3] *0 ie ni inakatta.*

　　　　　　　home at present-not-was

　　　　　　　a. (I) was not at home. [CONTINUE]

　　　　　　　b. (He) was not at home. [SHIFT]

我们最感兴趣的是上例第三句中的零形回指的消解问题。从现实可能性的角度来看，第三句中的零形代词的所指既可以是"I"，也可以是"He"，这两种情况都说得过去。按照Walker等人的理论框架，他们更倾向于选（3a），因为（3a）呈现的是连续过渡，与上文构建的连贯性最强。但事实上，（3b）才是说话者真正要表达的意图，Walker等人的框架在此做出的是错的预测（Matsui 1999）。

7.3 关联向心论

鉴于向心理论的缺点，有些学者主张把关联理论的某些思想引入向心模型，构建关联向心论。更有甚者，希望用关联理论直接取代向心理论。在向心理论与关联理论相结合的研究方面，Matsui（1999）的研究成果比较突出，本节，我们将重点介绍Matsui（1999）关于向心理论与关联理论相结合的研究，之后我们将给出一个简要评论。

7.3.1 基于关联理论的解决方案

关联理论中的"关联"概念是通过认知效果（cognitive effect）来界定的，即：认知效果越大，关联性越强；取得认知效果付出的努力越小，关联性越强。认知效果来自新旧语境信息的互动，通过以下三种方式中的一种产生：（a）结合已经存在的假设，生成语境含义；（b）加强已知的假设；（c）与已知假设相矛盾，然后把已知假设消除。

多种关联可能存在，听话者总是倾向于寻找最佳关联。听话者在寻找最佳关联解释时会遵循一套理解程序，这套程序可表述如下：

a. 根据可及性排序综合考虑认知效果；

b. 当找到了期望的关联水平时，理解程序就会停止。

下面我们来看一下这套基于关联理论的理解程序如何解决日语零形回指消解问题。Matsui（1999）指出回指消解除了依赖候选所指词的可及性，还受到另外一个重要因素的影响，这个因素会影响听话者对于所指词的选择，这个因素就是"语境假设的可及性"（accessibility of contextual assumption）。当有多个候选所指词具有差不多一样的可及性时，语境假设的可及性变得尤其重要。另外，语境假设的可及性也是解决Walker等人的理论框架的困境的重要途径。事实上，语境假设在指代消解中的重要性在先前的研究中已经被意识到了，相关研究者也提出了各种方案来搜寻合适的语境：有些人借助于情景分区知识（如Sanford & Garrod 1981），另外一些人的动机来自于语篇连贯（如Hobbs 1979；Asher & Lascarides 1993）。Matsui（1999）的解决方案与先前解决方案的不同之处在于他主张语境假设不仅仅根据可及性，还要根据它们对于话语的认知效果所做贡献的可能性进行排序。换句话说，根据关联理论，候选所指词被平行测试，但是只有那个为语境提供最快通路，以便整个话语可以产生可接受的释义的那个候选项才会入选。

　　作为第一个工作假设，Matsui（1999）认为在听话者处理完紧邻的前一句话语之后，不管是在当前句的处理过程之中或之后，都会产生某些语境假设。Matsui（1999）没有具体说明是什么引发了某些语境假设的恢复或构建（比如，可能是词汇信息，也可能是情景知识）。作为第二个工作假设，Matsui（1999）认为听话者在理解了一句话之后，通常（当然也不是总是）对于他从下一句中能够获得的认知效果都有一个相对比较准确的预期。根据关联理论，当一句话在听话者身上能够创建一个关于下一句话会产生的具体的认知效果的预期时，在别的条件都相等的情况下，听话者在理解一句话时更倾向于把认知努力花在寻找与预期的认知效果一致的释义上。这带来的影响就是，某个候选所指项尽管在总的可及性序列中排位不是最高的，但如果它能对听话者正在寻找的释义做出贡献，那么它也可能成为说话者最可及的候选项。换句话说，关联理论预见了在寻求特定的认知效果时，候选所指项的可及性排序会发生改变。

　　基于关联理论的解决方案可以解决Walker等人的理论框架无法解释的回指现象，如下例：

> (5) (A memo written by a man, and addressed to his wife)
>
> 　　[1] Kooto no botanga toreta.
>
> 　　　　coat GEN button SUB came off
>
> 　　　　"One of the buttons of (my) coat has come off"
>
> 　　[2] 0 0 sagashi-temo, 0 mitsukaranakatta
>
> 　　　　search-although　was not found

"(I) tried to find (it) , but failed."

[3] Kyou jyuu ni 0 0 0 sagashite tsukete−hoshii.

today within at find fix −want

"(I) want (you) to find and fix (it) today."

[4] Ashita 0 0 hitsuyou Ja.

tomorrow need

"Tomorrow, (I) will need (it) "

　　其中第三句话是一个请求，是说话者希望他妻子在明天之前把衣服上的纽扣找到并缝好。一般来说，如果某人希望你在某个时间点之前做某事，其中肯定有充分的原因，因为时间期限反过来也会产生某些优先性。所以在听到第三句之后，听话者很可能会问"为什么我必须今天做？"或者"不能再等会吗？"。如果是这样的话，第四句可以被阐释为为何他做出这样的请求的原因：他想第二天就穿这件衣服。在寻找预期的认知效果的过程中，所指项就自动指派了。说话者需要的是缝好纽扣的衣服，在整体释义中，零形回指的所指项是"衣服"而不是"纽扣"，只有这种释义才符合语境假设。

　　Matsui（1999）认为基于关联理论的解决方案采用了语境假设的可及性的概念，那么原先经典向心理论（包括Walker等人的理论框架）中根据转换状态的优先性排序就会变得没有必要了。因为基于关联理论的解决方案既能处理当前话语中的零形回指的所指词与先前话语中的零形回指的所指词不一样的情况，也可以处理最可及的候选所指词与在最优的整体释义的基础上选出的所指词一致的情况。根据向心理论，转换状态的排序是基于听话者总是倾向于能够呈现"延续"关系的释义的假设，因为这样的释义需要较少的处理努力。但Matsui（1999）认为这样的假设是错误的，因为对于听话者来说，最优的释义是值得他付出处理努力以取得足够的认知效果的释义，而不是只是单纯地需要更少处理努力的释义。在关联理论的框架中，是语境假设的可及性以及语境所指的可及性共同决定了释义的整体可及性。

7.3.2 简评

基于关联理论的解决方案尽管能够解释一些特殊的例子，但这些都是个案，在现实语言中使用的几率相对较少，所占比例也不高。

另外，基于关联理论的解决方案没有成型的规则，因其借用了语用知识和语境假设，至于语境假设中应该包含什么？关于这一点，没有明确的界定，从一定程度上说所有的知识都属于语境知识，所以说语境知识是一个过于泛化的概念，很难或者说根本不可能完全形式化。如果不能规则化和形式化，那么这一方案就不可能用于编程，无法应用于自然语言处理。

基于关联理论的解决方案为了追求大而全，追求把个别特殊案例纳入解释范围，牺牲了理论框架的简洁性。所以，它不能完全取代向心理论模型，因为向心模型也有自己的优点。Matsui（1999）的基于关联理论的解决方案更像是一种阐释性的解释，并没有整理出具体的规则，也没有阐明如何与向心理论的现有规则模型结合。虽然乍看起来有些吸引人的地方，但实用性不强。

7.4 结语

向心理论与关联理论虽然在某些方面是相通的，但它们在不同的运行轨道上运行，它们有着不同的研究路径（approach）。向心理论追求的是理论框架的形式化、规则化，追求简洁、易操作，以便于计算机的编程实现，用于自然语言处理；而关联理论属于阐释型理论，它重点关注语言现象背后认知机制的解读，因认知运行机制比较抽象，无法形式化。关联理论的运行更多的是依赖于语境知识、百科知识，这些知识也是很难形式化的，即使能够形式化，最后得到的东西也是非常庞杂臃肿的。

但是，反过来看，鉴于向心理论在追求简洁、形式化的过程中肯定会有所舍弃，为了增加其解释力，可以适当根据关联理论加入某些语用规则。至于如何具体实现，这还需要进一步的深入研究。

第八章　向心理论与优选论

　　向心理论中有两个关键的地方都涉及排序问题：一个是Cf排序，另一个是相邻句之间转换状态的排序。这里的排序是指根据某个标准进行优先性选择。向心理论追求的是一种倾向性，如果某个语篇片段达到了它所要求的规定和限制条件，那么此语篇就达到了最理想的连贯状态，但是这些规定和限制条件也是可以违反的，如果没有达到，或者只是满足其中一部分的要求，这样的语篇在现实中也是存在的，只是连贯性差一些而已。向心理论的这一思想恰恰与优选论（Optimality Theory，简称OT）不谋而合。一些敏锐的研究者感觉到这个领域有文章可做，他们迅猛地投入到了把向心理论和优选论结合起来的研究之中。他们也的确取得了一些值得我们注意的研究成果。

　　本章将重点介绍向心理论与优选论相结合的研究成果。首先，我们对优选论进行了简要介绍；然后介绍了Beaver（2004）的向心优选论；最后我们还涉及了可复性优选论。希望通过这一章的介绍，读者可以了解到向心理论与优选论结合的可能性，以及它们结合之后带来的优势和对一些未决问题所做出的贡献。

8.1　优选论

8.1.1　概述

　　优选论产生于20世纪90年代，其奠基性著作为Alan Prince与Paul Smolensky（1993）合著的《优选论：生成语法中的限制互动》。"优选论是以制约条件交互作用为主要内容的理论"（王嘉龄1995），其基本假设为语言是一个由相互冲突的制约条件组成的系统，而最低限度违反了特定制约条件等级排列的语言形式则成为优选的语言输出项。该理论在提出伊始就引起了国际语言学界的广泛关注并产生了强烈的反响。它以制约条件取代了在传统音系学中占核心位置的音系规则，赋予了音系研究一个新的视角。同时，它的基本假设的理论意义大大地超出了音系学基础理论的范围，直接或间接地涉及语言学中的某些基本理论和假设（李兵1998），随着研究的深入，优选论已广泛应用于词法、句法等语言学其他研究领域。至今，优选论仍是语言学界的主流理论之一（闫小斌，马秋武 2007）。

传统的生成语法认为存在于人类自然语言中的普遍原则是不可以被违反的，所有的语言都必须严格遵守这些普遍原则，否则就会出现不合法的输出形式。换句话说，传统生成语法认为语言的合法性是绝对的。但优选论刚好相反：它认为普遍原则是可以被违反的，所有的限制条件是按层级排列的，它们都可以被违反，但必须是在最小程度上的违反。因此，语言的合法性是相对的，语言输出的合法与否是个相对的而不是绝对的概念（邓昊熙 2011）。

在优选论中，语言间的类型变化是通过对普遍性制约条件的不同等级排列表现出来的。优选论认为只有通过普遍原则而不是特定语言所具有的规则才能实现语言解释上的充分性。优选论认为制约条件是普遍性的，而制约条件等级排列的方式是因语言而异的。优选论就是根据制约条件的等级排列来说明语言的类型变化的。

8.1.2 理论框架

从结构上看，优选论的理论框架并不复杂，可以用下图表示（李兵1998）：

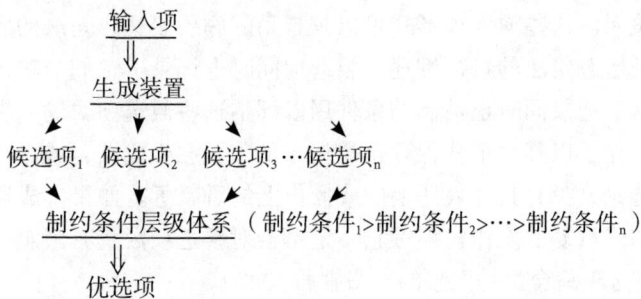

$$输入项$$
$$\Downarrow$$
$$生成装置$$

候选项$_1$　候选项$_2$　候选项$_3$…候选项$_n$

制约条件层级体系　（制约条件$_1$>制约条件$_2$>…>制约条件$_n$）
$$\Downarrow$$
$$优选项$$

输入项通过生成器进入系统，由生成器生成数量无限的候选项。这些候选项在评估器中得到评估，最终从无限多的候选项中选取一个最优项作为输出项，即所谓的优选项。生成器在生成候选项的过程中遵循分析任意性原则、包含原则和语素信息一致原则，前一个原则确保潜在的优选项包含在候选项中，后两个确保输入项与输出项在词汇组成和语素信息上保持一致。评估器是该理论模型中最重要的组成部分，是OT语法的核心。评估器由若干个有层级排列的制约条件组成，称为制约条件层级体系。层级高的制约条件对于层级低的具有绝对的优先权。OT认为制约条件具有普遍性，并且所有这些制约条件都是可违反的，最大限度满足或最小程度违反制约条件层级的候选项被评估为优选项输出（毛琴 2010）。下面，我们对其中的核心概念进行详细阐释。

8.1.2.1 生成器（Generator）

生成器是普遍存在的，就是说在每一种语言中生成器所生成的一个输入项的输出候选项在形式上是相同的，这些候选项形式也是多样的，生成器的这个特征被称作包含性或分析随意性（McCarthy：2002）。因为生成器是普遍存在的，那么它提供的候选项数量必须在最低限度上满足不同语言在各方面的不同。生成器最初看起来就像一个存放着各种各样类型"硬性"普遍制约条件的好地方。但是它也有一个缺陷。把普遍性的制约条件生硬地连到生成器上就不可避免地生成了一种硬性地规定，也没有余地进行解释或涉及其他问题——这成了讨论的开始而不是结束。正确看待优选论中普遍性制约条件的方法是：制约条件通过等级排列而交互作用（张雁茹 2007）。

生成器也取决于输入项，生成器生成的候选项与一些输入项形式有着确定的关系。这些输入项形式可以是音系的底层表达，句法的底层结构，或者是形态句法的特征细述。候选项同时也记录了它们与输入项的不同，而这个记录同时也被制约条件用以评估这些候选项对输入项的忠实性程度。除了以某种形式保存这个记录的需要，生成器，或者更大范围上说优选论，没有其他表达上的或操作上的贡献了。如果生成器包含任何递归的或重复的操作，那么它一定不会对候选项数量限定，每个输入项的候选项集合都是无限的（张雁茹 2007）。

8.1.2.2 评估器（Evaluator）

评估器无疑是这套语法的核心成分，因为它肩负着解释所有可观察到的表层形式规则的重任。尽管任何一个候选输出项都可以被假设存在于生成器中，但是评估器会用给定的制约条件等级排列次序来检验输出项的"和谐"程度（张雁茹 2007）。

Samek-Lodovici 和 Prince（1999）对评估器有一个非常清楚并且深刻的描述。设想一个制约条件从一个候选项集合到另一个候选项集合的功能：每一个制约条件提取一个候选项集合，然后返回一个候选项子集合，这个子集合中包含了在这个制约条件中表现最佳的候选项。评估器也可以从复合功能的角度来理解：在等级体系排列较高的制约条件中表现最好的候选项集合成为等级较低制约条件的输入项。例如，假如候选项集合 {Cands}和等级排列次序 [C1 》C2] 传到了评估器，那么取胜的候选项集合将从（C2.C1）（{Cands}）或者C2（C1（{Cands}）中产生。既然一个制约条件至少要反馈回一个最佳的候选输出项，那么评估器的确立能保证至少有一个胜出者，而且当最后的制约条件反馈回一个包含两个或更多候选项的集合时，它也允许理论上出现不止一个胜出输出项的可能性。这种确立与我们通常对评估器工作程序的感觉完全吻合：首先它先应用等级排列次序最高的制约条件，其次是第二高的，依此类推，按照整个排列体系依次应用下去，直到没有制约条件可以应用（张雁茹 2007）。

评估器有三个特征：经济性、严格优势及并行处理（Prince & Smolensky 1993）。（1）经济性：最低限度地违反制约条件，对一个制约条件的每一次违反都是为了避免违反一个等级更高的制约条件；（2）严格优势：对等级排列较高的制约条件的违反不能用满足等级较低制约条件来补偿；（3）并行处理：依附于某种结构的制约条件在一个等级体系内交互作用。生成器一次产生全部的候选项，制约条件层级体系对所有的候选项以并行的方式进行评估，评估一次就能产生优选项，并行处理意味着从输入项到输出项的映射过程没有内在结构（张雁茹 2007）。

8.1.2.3 制约条件

优选论的核心是由各种限制条件所组成的层级排列。简单说来，优选论就是关于限制条件及其层级排列的理论，因此限制条件是优选论的主要组成部分。在最先的优选论版本中，存在两大类限制条件：标记性限制条件（Markedness constraints）和忠实性限制条件（Faithfulness constraints）。这两大类限制条件从根本上说是相互冲突的，即没有任何输出项能同时满足上述两类限制条件，如果一个候选项满足了标记性限制条件，它必然违反忠实性限制条件；反过来，如果候选项满足了忠实性限制条件，它必然违反标记性限制条件。这也说明了为什么在优选论当中没有完美的输出形式，最优输出形式其实是这两大类限制条件相互竞争的结果（邓昊熙 2011）。

限制条件有两大特征：普遍性和可违反性。Prince和Smolensky认为限制条件是普遍存在的，而且普遍存在于所有语言的语法中，因此普遍语法中就包含了限制条件这个组成部分。限制条件的另一个重要特征是可违反性，符合语法的表层形式可以多次违反同一个或不同的限制条件。Prince和Smolensky认为，限制条件是可以违反的，但是违反必须是最低限度的。当处于限制条件层级排列中的限制条件发生冲突时，表层形式是否符合语法就取决于这个形式是否最低限度地违反了层级排列较高的限制条件，只要最大限度地满足处于层级排列较高的限制条件，即使违反了层级排列较低的限制条件，这个表层形式也是合乎语法的（邓昊熙 2011）。

8.1.2.4 操作过程及分析方法

优选论的语法操作过程分为两步：（1）一个输入项被映射到一个数量无限的候选输出项的集合中；（2）制约条件等级排列体系对所有的候选输出项同时进行评估，从中一次性选择出一个"最优"的优选输出项。这一过程是输入到输出的映射过程并且输入与输出是一一对应的，这可以图示为（Prince & Smolensky 1993）：

生成器（输入项）→（候选项1，候选项2……候选项n）

评估器（候选项1，候选项2……候选项n）→ 输出项

制约条件可能对同一候选项提出对立或冲突的要求，在这种情况下，即使优选项也不可能满足所有的制约条件。在许多情况下，优选项只能以违反层级较低的制约条件的要求为代价来满足层级较高的制约条件的要求。优选论正是通过层级排列的办法解决了制约条件的对立和冲突问题（李兵 1998）。

那么，制约条件层级体系又是如何对候选项进行评估并选择优选项呢？Prince & Smolensky（1993）区分了两种评估方式。第一种称为序列式（serialism）评估。序列式评估指的是生成装置为某个输入项提供一批候选项，这些候选项经过制约条件层级体系的评估后选择出优选项，优选项然后被反馈到生成装置，产生了另一批候选项，再次经过制约条件层级体系的评估，选择出更加理想的优选项，这样反复循环，直到选出来的优选项没有改进的余地。第二种评估方式是平行式（parallelism）评估：生成装置一次产生全部的候选项，制约条件层级体系对所有的候选项以平行的方式进行评估，评估一次就能产生优选项。平行式评估意味着从输入项到输出项的映射过程（the input-output map），没有内在结构。但是，Prince & Smolensky认为，序列式评估不仅保留着以音系规则为基础的音系理论的残余（例如，把候选项反馈回生成装置的过程和起着修补作用的调整规则没有实质性的区别），而且，有悖于优选论的制约条件可以违反的原则，因为把候选项反馈回生成装置就等于说制约条件是不可违反的。为此，Prince & Smolensky认为，评估应该是平行式的（李兵1998）。

根据对候选项提出要求的性质，制约条件分成偶值的（binary constraint）和非偶值的（non-binary constraint）两类。偶值制约条件提出"是"或"否"的要求或限制，例如，对增音和音段脱落的限制，因此它对候选项的评估是绝对的（absolute evaluation）；而非偶值制约条件提出"最好是"或"最理想的是"之类的要求或限制，例如，对构成音节核音段响度的要求，因此对候选项的评估属于品级评估（scalar evaluation）（李兵1998）。

优选论采用独特的候选项竞选表（candidate tableau）的形式化方法对语言形式进行分析。假设由制约条件C1，C2，C3，从高到低的等级排列为C1 》C2 》C3，输入项X在生成器中生成了候选项1，2，3，4，那么用竞选表分析如下：

X	C1	C2	C3
1	*!		
2		*!	*
3		*	*
→4			*

上述候选项竞选表中，最上面一行的制约条件从左到右其等级由高到低。当左边的制约条件等级高于右边的制约条件时，两个制约条件之间用实线分开；当制约条件等级关系尚未确定时，则用虚线分开。上述表中最左边一列是候选项，如果一个候选项违反了等级体系中的制约条件，则在该制约条件的下方空格中用"*"标出。如果一个候选项违反的制约条件比另一个候选项违反的制约条件的等级高，那么这个候选项将被淘汰，"*!"即为淘汰之意。被淘汰候选项是否违反以下等级低的制约条件已无关紧要，这时可以用阴影覆盖制约条件下方的空格来表示。在对所有候选项评估过程中，最低限度违反（或最大限度满足）制约条件等级体系的候选项便是"最优"的候选项，即最后的候选项。被等级体系选定的这一优选项在上述表格中是通过在其前面标上"→"表示的（张雁茹 2007）。

8.2 向心优选论

8.2.1 Beaver（2004）的研究

Beaver（2004）把向心理论（Grosz，Joshi & Weinstein 1983，1995）和优选论（Prince and Smolensky 1993）结合起来研究，提出了一套新的理论模型，他称之为向心优选论（Centering Optimality Theory，简称COT）。COT可以说是把向心理论和优选论结合起来研究取得的最显著的成果，对相关领域产生了很大的影响，下面我们将详细介绍一下Beaver（2004）的COT理论及其应用。

在COT中，Beaver（2004）对向心理论做了两个重点修改。首先是用Topic（主题）来代替了backward-looking center（上指中心）。主要原因是，向心理论中的上指中心被认为界定不清，不好确认。Beaver（2004）把主题界定为：

"一句话中的主题是指当前句和前一句中都提到的语义实体，而且前一句中此实体的相关指称表达要在最大限度上清晰明了。如果没有这样的实体，那么这句话的主题就是不明确的。"

另一个重大修改是用六条按重要性自上而下排列的限制条件代替了向心理论中的BFP消解算法。这六条限制条件内容如下：

AGREE：回指表达与其先行词在数和性上一致。

DISJOINT：谓语的论元相互之间不同指。

PRO_TOP：主题实现为代词。

FAM_DEF：定指的名词短语（definite NP）是已知的，这意味着其所指（referent）是已知的，而且定指表达不会给所指带来新的信息。

COHERE：当前句的主题也是前一句的主题。

ALIGN：主题出现在主语的位置上。

下面我们看一下如何运用COT来分析语篇回指现象。参考Beaver（2004）的例子：

> (1) a. Jane$_i$ likes Mary$_j$.
>
> b. She$_k$ often visits her$_l$ for team.
>
> c. The woman$_n$ is a compulsive tea drinker.

在第一句之前没有别的句子，所以，按照定义，第一句的主题是未界定的。COT对于这句话的阐释不起作用，但是根据限制条件界定，我们可以看出（1a）违反了PRO-TOP，FAM-DEF，COHERE和ALIGN。

第二句话（1b）可以通过竞选表来分析。根据COT，（1b）的竞选表可以构建如下：

Example(1b)	AGREE	DISJOINT	PRO-TOP	FAM-DEF	COHERE	ALIGN
☞ $k=i, l=j$					*	
$k=l=i$	*				*	
$k=j, l=i$					*	
$k=l=j$	*				*	
$k=i, l\notin\{i,j\}$				*	*	
$k=j, l\notin\{i,j\}$				*	*	
$k\notin\{i,j\}, l=i$				*	*	*
$k\notin\{i,j\}, l=j$				*	*	*
$k,l\notin\{i,j\}, k\neq j$			*	**	*	*
$k=l\notin\{i,j\}$	*		*	**	*	*

此表最上面一行列出的是输入的内容以及按等级排序的限制条件。等级最高的排在最左边，接下来的每一行描写的是每一个候选项在各个限制条件下的表现，星号"*"表示违反了限制条件。最优候选项是指从左边开始看违反了最少数量的限制条件的选项。用"☞"标示。下面我们详细地看一看每个限制条件在（1b）中是如何运作的：

1）AGREE：所有候选项都没有违反一致性的限制条件。

2）每当作为谓语动词"visits"的论元的两个代词被阐释为指代同一个语义实体的时候，DISJOINT就会被违反。

3）PRO-TOP在最后两种情况下被违反，在这两种情况下，主题都是未界定的，因为根本就没有回指关系。因为没有主题，任何指称主题的限制条件都会被违反。

4）最后六个候选项都违反了FAM-DEF，因为在这些情况下，两个代词中至少有一个代词没有被阐释为回指。

5）所有候选项都违反了COHERE，因为前一句的主题是未界定的。

6）最后一步是如何从仅有的两个"合理"候选项（第一个和第三个）中选择最优候选项。在这两个候选项中，一个代词指称前一句的主语，一个代词指称前一句的宾语。在两种情况下，（1b）的主语都是Jane，因为Jane在（1a）中处于最凸现的位置上。任何主题没有在主语位置上的情况都违反了限制条件ALIGN。如此一来，我们就能得出最后的结论了：（1b）句正确释义应该是"Jane often visits Mary for tea"。

Beaver（2004）的目的是用COT来取代CT中的BFP模型。他要证明，在消解回指时，不用通过向心理论的转换状态也可取得同样的效果。在基于向心理论消解回指过程中，最终一步是不同转换状态的竞争。向心理论规定了四种转换状态，那么就有六对可能的竞争和比较。与每一种转换状态对应的是限制条件COHERE和ALIGN。六对竞争和限制条件之间的互动可总结如下：

Transition		COHERE	ALIGN
continue	☞		
retain			*
continue	☞		
smooth shift		*	
continue	☞		
rough shift		*	*
retain	☞		*
smooth shift		*	
retain	☞		*
rough shift		*	*
smooth shift	☞	*	
rough shift		*	*

通过上表，我们可以看出，COT对六对竞争的裁决和BFP中的优选过渡状态是一致的。Beaver（2004）认为在效果一致的情况下，COT最佳候选项可以只通过COHERE和ALIGN来决定，而BFP涉及四种过渡状态的排序。相比之下，COT应该比BFP更经济实用。

8.2.2 熊学亮和翁依琴（2005）的研究

国内把向心理论与优选论结合起来进行研究的人不多。根据目前搜索到的资料，我们发现只有熊学亮和翁依琴（2005）还算为数不多的比较有影响的研究。在此研究中，他们首先对CT、OT和COT进行了详细介绍，然后指出了COT的局限性，并对COT的限制序列进行了局部调整，最后，进行了初步的论证。下面我们详细介绍一下他们的主要论点。

熊学亮和翁依琴（2005）认为形式方案虽貌似严谨，但理想化程度较高，忽视了若干重要的语言细节，因此有其局限性（熊学亮1999：

16）。COT方案虽然摒弃了BFP模式中的前瞻中心和回望中心，用人们比较熟悉的"主题"概念来替换"回望中心"这一概念，去除了不必要的概念上的繁琐，但解释面有限，有大量的语料这种理论无法解释。他们引用了桂诗春（1991：365）的一个例子进行了分析说明：

> (2) (a) I put a pencil in my pocket.
>
> (b) Because it has a hole,
>
> (c) it fell out.

（桂诗春1991:365）

（2b）中的主题it的回指有歧义，既可回指（2a）中put的宾语pencil，也可回指（2a）句中的介词宾语pocket。按照COT方案沿袭CT理论所提出的"主题确认序列"，（2a）句中的动词宾语pencil应该优先于介词宾语pocket而优先入选充当（2b）的主题，但这种形式规定与我们对该句的理解和感觉是相悖的。

熊学亮和翁依琴（2005）认为，语篇的首句不是没有主题，而应该是起着建立或引入主题的作用。此后的语篇便围绕着该主题运转。除了主题，还常会有副主题，即同句中凸显程度仅次于主题的语篇实体。如（2a）中的动词宾语pencil和介词宾语pocket，就分别可被视为该句中的副主题。而解决it歧义指的一种方法，就是依赖能刻画pencil和pocket之间关系的"容器图式"（container schema，Lakoff 1987），如果硬要用COT来解释歧义回指现象，一种权宜之计就是在COT评选器中加上以STEREO命名的这一限制。由此，COT的新限制序列为AGREE>DISJOINT> STEREO > PRO_TOP > FAM_DEF > COHERE > ALIGN，相关的微调还包括：当前小句中最为凸显的语篇实体被定义为主题，凸显程度仅次于主题的语篇实体被定义为副主题，PRO_TOP可表示主题用可及性高的零形式或代词表示，副主题的可及性低于主题，确定主题以符合常规关系为标准等。这样就可以分析COT方案无法分析的很多语料了。以（2）为例，给出下表：

> (2) (a) I_i put a $pencil_j$ in my $pocket_k$.
>
> (b) Because it_i has a hole,
>
> (c) it_m fell out.

		A G R E E	D I S J O I N Y	S T E R E O	P R O ' T O P	F A M ' D E F	C O H E R E	A L I G N
	1=i	*		*	*			
2b	√ 1=j			?			*	
	√ 1=k						*	
	m=1			*				
2c	m=i	*		*	*	*		*
	m=j						*	
	m=k			*			*	

表中√表示可能的优选项，表示按常规关系的最终裁决。在（2b）句中，根据COT的"主语>动词宾语>介词宾语"优选序列，l=j（it→pencil）应成为最优，在l=j与STEREO交界处打上?号，表示"下句待查"的意思。因为虽然pencil和pocket都可能有hole，但pocket有hole的可能性更高，似乎应更倾向于l=k（it→pocket）配对，但只到（2c）句时才能最终确定，因为掉出来的一般不可能是pocket而只能是装于其中受其限制的pencil，故在认定（2c）中的m=j（it→pencil）为最优的同时，前一句（2b）中的l=k（it→pocket）也得到确认。也就是说，由于it和pencil及pocket在语法的性、数等概念方面相一致，因此只能通过常规关系来区分，依赖的是副主题pocket会有hole的常识，以pencil从pocket容器中掉出的常规关系为操作依据，故l=k和m=j配对，因违反限制的数量最少等级最低而成为最优选项。

8.2.3 简评

Beaver（2004）自己也明确承认COT不是全新的理论，只是基于CT和OT的重构（reformulation）。Beaver借用了OT的思想对CT中的某些框架进行了修改，最终的目的是期望获得解释力更强的模型。从形式上来，

COT比CT更加细致，规则的制定更加严谨，考虑到先前CT的某些缺陷，试图在这里加以弥补。但从具体的实效来看，COT也有其自身的局限性，一方面，因为OT本身的框架和规则比较抽象，导致了COT的规则与CT相比更加繁琐；另一方面，COT仍然不能解决一些特殊问题，比如熊学亮和翁依琴（2005）所说，有些回指关系依赖常规知识，CT无能为力，COT也无法突破。

8.3 可复性优选论

可复性优选论（Recoverability Optimality Theory，简称ROT）是由Buchwald等人于2002年提出的，意在阐释语篇回指现象的理论框架。ROT是在综合了向心理论和优选论的基本思想的基础上提出来的，其最终目的是为了更好地解释语篇回指。下面，我们将简要介绍ROT的理论背景、理论框架和运作方式以及其对语言类型学的贡献。

8.3.1 理论背景

ROT的主要灵感来自向心理论（Grosz，Joshi and Weinstein 1995）。根据向心理论，语篇语境中存在一系列的语篇实体（即中心），这些实体的默认排序因语言而已。向心理论根据句与句之间的过渡序列来分析语篇。任何两句话之间的过渡类型是根据变量（Cb和Cf）的赋值变化来定义，根据语篇片断的局部连贯来组织。因这些变量本身就是构拟的概念，他们的值并不总是那么明显。尽管向心理论预设了一些句法和语义分析，但Buchwald等人（2002）认为对处于句法、语义和语篇界面的可复性概念进行详细的语用处理也可能得到与向心理论同样的效果。

ROT的另外一个重要的思想来源是Beaver（2002）的COT。Beaver（2002）用根据"主题"（topic）概念构建的限制系统替代了向心理论中的"中心"概念。但实际上"主题"是一个尽管经常被使用，但仍然有争议的概念。它本身很难准确界定。Beaver（2002）选择主题时是根据更容易确定的"凸显性"来进行的。ROT在这个方面更进了一步。它完全摒弃了"主题"概念，允许整个系统从限制条件的互动中产生，这些限制条件不依赖于某个或某些处于特殊地位的成分。

8.3.2 理论框架

在介绍ROT如何运作前，有必要介绍一下它的理论框架和核心概念。

"可复性"是指ROT试图模拟如下的情形：说话者的意愿是确保他的意想中的阐释可以从产出的语言表层形式中恢复（recoverable）出来。

ROT吸收了双向性（bidirectional）优选论的思想。继一些学者提出OT在自然语言解释中的分析方法之后，Blutner（2000）指出，OT仅从某一角度出发处理自然语言的理解问题是不行的。单向性优选过程，不足以解释自然语言中的各种现象。如果要使OT更好地适合于处理自然语言的解释问题，就必须从语言的产出与语言的理解两个角度同时出发，并据此提出他的"双向优选理论"（马秋武，王红梅 2008）。ROT正是基于此，从表达（Expression）和理解（Interpretation）两个方向构建它的理论模型。

SaLi 是指第i句的语义实体凸显性列表（Salience List）。如：

（3）a. 小张$_i$刚刚买了一支钢笔$_j$，

　　　b. 他$_i$不舍得用 ϕ_j.

那么SaL$_a$=[小张 钢笔]。从这里，我们不难发现，其实ROT中的凸显性列表是基于向心理论的Cf列表发展出来的。

ROT用到的另外两个概念是LF和PF。LF是指一句话的逻辑式（Logical Form），PF 是指语音式（Phonetic Form），即显性的语音表现形式。如上面第一句话的LF=买（小张，钢笔）=V（i，j）。语音式具体讲是指由什么样的语音形式来体现，如第一句话中的语义实体是由完整的名词短语来表现，如"小张""钢笔"，而第二句话中是由代词"他"和零形式 ϕ 来体现。LF和PF的概念最初来自于生成语法。从此，我们也可看出ROT也受到了生成语言学的影响。

8.3.3 运作方式

首先，ROT假设一个说话者具有固定的前一语句的语义实体凸显性列表SaL$_{i-1}$，意想中的理解LF$_i$，和对于任何语句U$_i$，要表达的语义实体凸显性列表SaL$_i$。ROT界定了四种过渡形式：

t1: $SaL_{i-1}=SaL_i$ 并且 LF_i 与 SaL_{i-1} 一致

t2: $SaL_{i-1}=SaL_i$ 并且 LF_i 与 SaL_{i-1} 不一致

t3: $SaL_{i-1}\neq SaL_i$ 并且 LF_i 与 SaL_{i-1} 一致

t4: $SaL_{i-1}\neq SaL_i$ 并且 LF_i 与 SaL_{i-1} 不一致

下面的英语语篇片断可以对此加以说明：

(4) a. Alice gave Betsy a bloody nose.

  b. SheA reminded herB that her right hook was devastating

  c. t1. SheA hurt herB.

    t2. Betsy hurt herA.

    t3. Alice hurt herB.

    t4. Betsy hurt herA.

ROT可以把（4c）中的过渡性的句子表现为一个四元组：

$\langle SaL_{i-1}, SaL_i, LF_i,$ ”PF_i”$\rangle$

a. t1.$\langle [A, B], [A, B], V(A, B),$ ”pVp”$\rangle$

b. t2.$\langle [A, B], [A, B], V(B, A),$ ”BVp”$\rangle$

c. t3.$\langle [A, B], [B, A], V(A, B),$ ”AVp”$\rangle$

d. t4.$\langle [A, B], [B, A], V(B, A),$ ”BVp”$\rangle$

8.3.4 可复性优选论与语言类型学

优选论分析的一个内在特征是对语言类型学的预测。优选论中的限制条件可以重新排序，每一种可能的排序都是一种潜在的自然语言。为了评估ROT对于语言类型学的预测，Buchwald等人（2002）对于每一种可能的限制序列中Int和Exp的所有配套结果进行了考察。ROT生成了多种可以证实的语言类型，见下表：

L	t1	t2	t3	t4	Exemplar
L1	"AVB"	"BVA"	"AVB"	"BVA"	Storybook
L2	"pVp"	"BVp"	"AVp"	"BVp"	English(1)
L3	"pVB"	"BVp"	"AVp"	"BVp"	English(2)
L4	"øVø"	"BVø"	"øVB"	"BVø"	Japanese
L5	"øVB"	"BVp"	"AVp"	"BVp"	
L6	"øVp"	"BVø"	"AVp"	"BVø"	
L7	"øVp"	"BVp"	"AVp"	"BVp"	Italian

如上表所示，第一种语言L1要求四种过渡中都是完整的名词短语，Buchwald等人（2002）把这种语言称为"儿童故事书英语"。在这种语言中没有歧义，因为语句的所有语音形式全部由逻辑式决定。英语与第二种语言相符，当然，也符合第三种语言的要求。日语和土耳其语符合第四种语言的模式要求，其中，零形代词会被用来指代凸显的语篇所指。如果把空语类pro也看做是零形式的话，意大利语和希腊语符合第七种，当然也可能是第六种语言的描述。

8.4 小结

本章重点介绍了向心理论与优选论的交叉研究，首先详细介绍了优选论的基本概念和理论框架；然后重点介绍了Beaver（2004）提出的向心优选论，这是向心理论与优选论结合研究方面最好的研究成果；最后，我们介绍了可复性优选论的相关内容。

向心理论与优选论都是关于趋势的理论，基本思路都是基于条件的比对，选出最优的方案。正是基于这一共同的认识，它们才有融合的可能。但是向心理论与优选论又各有自己的优势和缺陷，它们的结合能够在一定程度上克服先前各自无法解决的难题。然而，又因为它们自身的局限性，有些难题仍然无法解决，而且，向心理论与优选论的结合研究只能算是一种探索和进一步深化研究的尝试。

第九章　向心理论与博弈论

向心理论从本质上讲是一种信息处理理论，它反映了说话者和听话者之间的互动。而这种互动在一定程度上也可被看做是双方的一种博弈。有些研究者（如Kibble 2003）敏锐地觉察到向心理论和博弈论（Game Theory）的共通之处，他们试图把两者结合起来，构建更加有效的信息处理模型。

本章将重点介绍向心理论和博弈论相结合的有关研究。首先我们将简单介绍博弈论的相关知识，如其定义与发展历程、涉及的基本概念以及主要类别；然后我们将介绍语言博弈的相关研究，包括维特根斯坦的语言游戏论和辛提卡的语言博弈论；最后我们重点介绍Kibble（2003）的向心博弈论。Kibble认为向心理论存在一些缺陷，可以借用博弈论中的思想来代替向心理论中的一些规则。那么，Kibble到底是怎么设计的？他的理论模型是否如他所想能够彻底取代向心理论？

9.1　博弈论

9.1.1　定义与简史

博弈论，亦名"对策论"、"赛局理论"，属应用数学的一个分支，博弈论已经成为经济学的标准分析工具之一。目前在生物学、经济学、国际关系、计算机科学、政治学、军事战略和其他很多学科都有广泛的应用。博弈论主要研究公式化了的激励结构间的相互作用，是研究具有斗争或竞争性质现象的数学理论和方法，它也是运筹学的一个重要学科。博弈论考虑游戏中个体的预测行为和实际行为，并研究它们的优化策略。生物学家使用博弈理论来理解和预测进化论的某些结果。

博弈论是二人在平等的对局中各自利用对方的策略变换，变换自己的对抗策略，达到取胜的目的。博弈论思想古已有之，中国古代的《孙子兵法》就不仅是一部军事著作，而且算是最早的一部博弈论著作。博弈论最初主要研究象棋、桥牌、赌博中的胜负问题，人们对博弈局势的把握只停留在经验上，没有向理论化发展。

近代对于博弈论的研究，开始于策墨洛（Zermelo 1913），波雷尔（Borel 1921）及冯·诺伊曼（von Neumann 1928），后来由冯·诺伊曼和奥斯卡·摩根斯坦（von Neumann & Morgenstern 1944，1947）首次对其系统化和形式化（参照Myerson 1991）。随后约翰·福布斯·纳什（John Forbes Nash Jr. 1950，1951）利用不动点定理证明了均衡点的存在，为博弈论的一般化奠定了坚实的基础。[1]

9.1.2 基本概念

博弈论是一种比较抽象的理论模型，在了解它之前必须先了解它所涉及的一些抽象概念：

（1）决策人：在博弈中率先做出决策的一方，这一方往往依据自身的感受、经验和表面状态优先采取一种有方向性的行动。

（2）对抗者：在博弈二人对局中行动滞后的那个人，与决策人要做出基本反面的决定，并且他的动作是滞后的、默认的、被动的，但最终占优。他的策略可能依赖于决策人劣势的策略选择，占去空间特性，因此对抗是唯一占优的方式，实为领导人的阶段性终结行为。

（3）局中人（players）：在一场竞赛或博弈中，每一个有决策权的参与者成为一个局中人。只有两个局中人的博弈现象称为"两人博弈"，而多于两个局中人的博弈称为"多人博弈"。

（4）策略（strategies）：一局博弈中，每个局中人都有选择实际可行的完整的行动方案，即方案不是某阶段的行动方案，而是指导整个行动的一个方案，一个局中人的一个可行的自始至终全局筹划的一个行动方案，称为这个局中人的一个策略。如果在一个博弈中局中人都总共有有限个策略，则称为"有限博弈"，否则称为"无限博弈"。

（5）得失（payoffs）：一局博弈结局时的结果称为得失。每个局中人

---

1 参看维基百科（Wikipedia）http://zh.wikipedia.org/wiki/%E5%8D%9A%E5%BC%88%E8%AE%BA

在一局博弈结束时的得失，不仅与该局中人自身所选择的策略有关，而且与全局中人所取定的一组策略有关。所以，一局博弈结束时每个局中人的"得失"是全体局中人所取定的一组策略的函数，通常称为支付（payoff）函数。

（6）次序（orders）：各博弈方的决策有先后之分，且一个博弈方要作不止一次的决策选择，这就涉及一个次序问题；其他要素相同次序不同，博弈就不同。

（7）均衡（equilibrium）：均衡是平衡的意思，在经济学中，均衡意即相关量处于稳定值。在供求关系中，某一商品市场如果在某一价格下，想以此价格买此商品的人均能买到，而想卖的人均能卖出，此时我们就说，该商品的供求达到了均衡。所谓纳什均衡（Nash Equilibrium），它是一个稳定的博弈结果。即：在一个策略组合中，所有的参与者面临这样一种情况，当其他人不改变策略时，他此时的策略是最好的。也就是说，此时如果他改变策略他的支付将会降低。在纳什均衡点上，每一个理性的参与者都不会有单独改变策略的冲动。

9.1.3 分类

博弈根据不同的基准有不同的分类。一般认为，博弈主要可以分为合作博弈和非合作博弈。它们的区别在于相互发生作用的当事人之间有没有一个具有约束力的协议，如果有，就是合作博弈，如果没有，就是非合作博弈。

从行为的时间序列性来看，博弈论进一步分为两类：静态博弈和动态博弈。静态博弈是指在博弈中，参与人同时选择或虽非同时选择但后行动者并不知道先行动者采取了什么具体行动；动态博弈是指在博弈中，参与人的行动有先后顺序，且后行动者能够观察到先行动者所选择的行动。通俗的理解："囚徒困境"就是同时决策的，属于静态博弈；而棋牌类游戏等决策或行动有先后次序的，属于动态博弈。

按照参与人对其他参与人的了解程度分为完全信息博弈和不完全信息博弈。完全博弈是指在博弈过程中，每一位参与人对其他参与人的特征、策略空间及收益函数有准确的信息。如果参与人对其他参与人的特征、策略空间及收益函数信息了解得不够准确、或者不是对所有参与人的特征、策略空间及收益函数都有准确的信息，在这种情况下进行的博弈就是不完全信息博弈。

目前经济学家们所谈的博弈论一般是指非合作博弈，由于合作博弈论比非合作博弈论复杂，在理论上的成熟度远远不如非合作博弈论。非合作博弈又分为：完全信息静态博弈，完全信息动态博弈，不完全信息静态博弈，不完全信息动态博弈。

博弈论还有很多分类，比如：以博弈进行的次数或者持续长短可以分为有限博弈和无限博弈；以表现形式也可以分为一般型（战略型）或者展开型。

9.2 语言博弈

语言的产出和运用也存在着博弈。在任何语境中说话人之间都构成博弈。其中，说话人是局中人；其实际语言行为，即语言选择的结果，是他们的策略；对局结果，或者说语言产生的结果，即支付（李明菲，许之所 2006）。

"语言博弈"（Language game）这一概念最早源于现代西方语言（分析）哲学的"精神教父"维特根斯坦。但严格来说，维氏当时所提出的"Language game"应译为"语言游戏"，因为尽管"game"一词既有"游戏"也有"博弈"之含义，但博弈更强调弈手间的对抗性；当代杰出的哲学和逻辑学家辛提卡（Hintikka）吸取博弈论和维特根斯坦"语言游戏论"的思想精华，提出了真正意义上的"语言博弈论"（许宁云 2005）。

9.2.1 维特根斯坦的语言游戏

维特根斯坦一生的语言哲学思想分为前后两个阶段。前期的维特根斯坦主张语言的逻辑图像论，后期他提出了语言游戏说。

维特根斯坦将我们的语言即日常语言称为"语言游戏"："我也把由语言和行动（指与语言交织在一起的那些行动）所组成的整体叫做'语言游戏'"（维特根斯坦 1996）。所谓"语言游戏"，意即我们的语言是按照一定的规则在一定的场合中使用的活动，语言、规则和使用的活动就是它的基本要素。任何一个语词概念的含义或意义，并不在于它所意指的对象中，而在于它按照一定的规则与其他的语词的组合方式中。换言之，语言在使用中才有意义，语词的意义就是它的用法。

维特根斯坦"语言游戏说"的提出获益于一场足球赛的启发。当时，他正在思考关于语言及其意义的问题，恰巧看到一些人正在进行一场足球赛。他由此联想，正像足球的意义体现在足球赛中那样，词语的意义也只能存在于语言游戏之中，亦即体现在其具体使用的语境之中。譬如，唯有依赖于具体的语境才能断定某人在说出英语"Fire"时究竟意为"失火啦"，还是命令下级"开火"，拟或表达其他意思。可见，必须根据使用词语的具体"语言游戏"才能确定词语的意义。否则，试图通过孤立的逻辑分析以揭示语言的意义，结果只能误入歧途（赵敦华 2000）。

维特根斯坦将语言比作游戏，非常别致而且十分贴切。游戏是一种活动，它的种种要素根据一定的规则而形成丰富多彩的不同组合，从而产生无穷无尽的魅力，语言也是如此。前期的维特根斯坦提倡人工语言观，他认为我们的日常语言必须按照一种精确规范的人工语言来规范自己。现在，维特根斯坦的思想发生了巨大的变化，他承认我们不可能也没有必要建立一种普遍的人工语言，日常语言本身就是正确的。的确，日常语言具有不确定、一词多义和变动不居等特点，然而所有这一切并不是引起语言错误使用的原因。语言的功能主要不在于指称和表述实在的事物，而是一种在使用中逐渐形成的自主系统，它的基本要素——语词、规则和使用活动——构成了一个不可分割的活的整体（张志伟 2001）。

9.2.2 辛提卡的语言博弈

维特根斯坦强调只有在语言游戏背景下才能理解词的用法与词的意义之间的对应关系。至于语言游戏怎样决定这种关系他并没有更明确的分析。因此维氏的语言博弈概念其涵义是不明晰的（唐晓嘉 2001）。

辛提卡吸取了维特根斯坦语言博弈论的思想精华，他同时也明确规定了他所使用的语言博弈概念的涵义。他指出，同一个语词相关的语言博弈就是围绕该词发生的那些具有代表性的、使语词获得其意义的活动（Hintikka 1973）。

就一阶语言来说，它的关键词是存在量词"存在（有）"和全称量词"所有"，与这些量词相应的典型活动是"寻找"。"存在"相当于"能够找到"，如"存在有黑天鹅"在任何语境中都相当于说："人们能够找到黑天鹅"；而"所有天鹅是白的"则相当于"不可能找到不白的天鹅"。就是说寻找且找到的活动相对来说能够清楚地解释运用量词的逻辑条件。由此辛提卡把一阶语言的语言博弈叫做"寻找且找到的语言博弈"（the language-game of searching and finding）（唐晓嘉 2001）。

显然，辛提卡的语言博弈概念与维特根斯坦的概念不同，它有非常明确的涵义。根据辛提卡的语言博弈理论，每个一阶语言公式F都同一个二人博弈相对应。博弈的两个对手可分别称作"我（自我）（Myself）"和"自然（Nature）"。自我的目的在于使博弈以一个代入例示的真矩阵告终，自我的对手则企图使博弈的结局是一个假的矩阵。因此这是一种真正数学意义上的信息完备的博弈理论，是一种零和博弈（Hintikka 1973）。

辛提卡进一步指出，在语言博弈中，每一走步的顺序由所解释语句的量词顺序决定：存在量词标示自我走步，自我选择（找到）一个体用它的名称代入存在量词所约束的变元；全称量词则标示自然走步，它任意选择一个体用其名称代换全称量词的约束变元（Hintikka 1973）。博弈的每一走步都是按此顺序进行。直观理解这一博弈就是，自我力求在世界中找到相关个体以证实语句，而其对手自然则企图找到反例以证伪。每一个量化语句都有一局这样的博弈相对应。量词的意义被解释为它们在寻找且找到博弈中的用法。从这个意义上讲，辛提卡的博弈论是一阶语言的语义理论，它又被称作博弈语义理论（game-theoretical semantic）（唐晓嘉 2001）。

辛提卡提出语言博弈理论旨在建立一种能用于系统分析或摹拟人的认识活动的过程及其结果的理论。这一理论以可能世界理论为基础，它把形式逻辑的模型集合建构看做一种特殊的博弈活动，用"寻找且找到博弈"描述以现实为对象的语言活动，并刻画了两种博弈之间的联系（唐晓嘉 2000）。

9.3 **向心博弈论**

9.3.1 基本模型

Kibble（2003）的论文标题是"Towards the Elimination of Centering

Theory"，由此可见，Kibble的意图是寻找一种新的信息处理模型，以便能取代向心理论，以避免向心理论的缺陷。具体来说，Kibble的研究目标就是检验一下，向心理论的规则和限制能否缩减为一些更加基本的关于信息性和处理效率的原则。

向心理论是关于局部语篇结构的理论，其立足点是基于这样的认识：被界定为"连贯"的语篇转换对于听话者来说更容易处理。但是，关于向心理论的认知方面的讨论似乎忽视了其加于说话者身上的处理负担（Kibble 2003）。结果造成以下任务变得很难对付：规划句子序列以及句子内部论点的排序，以便连贯的转换可以达到最大化的程度。说话者如果只是维持一种可以使他们预测到最优转换类型的语篇模型的话，他们将只能从所谓的"连贯"的转换状态中受益，而这本身就会增加一些处理负担。这些思考暗示了：首先，对于向心理论所关注的现象的充分解释需要同时模拟说话者和听话者的认知处理过程；其次，如果向心理论的规则和原则确实与关于处理消耗有关的合理假设一致的话，那将有可能把它们缩减为更加基本的"认知"原则。这并不是全新的想法，其他学者（Hasida，Nagao and Miyata 1995；Rob van Rooy 2003；Beaver 2004；Buchwald et al. 2002）也曾对此有所关注（转引自Kibble 2003）。

Kibble（2003）认为先前的相关研究都有缺陷，如Hasida，Nagao and Miyata（1995）把回指的详细运行缩减为一些基本的特征，如效用（utility）和概率（probability），但是，他们的分析似乎只是基于关于效用和概率的具体规约，而且假设信息的效用对于说话者和受话者是等同的。Rob van Rooy（2003），Beaver（2003）以及Buchwald et al.（2002）从优选论的角度，试图通过限制条件排序来模拟语篇现象，但他们只是模拟了听话者的收益，忽视了说话者的语言规划成本以及听话者维持语篇模型的成本，假设说话者和听话者可以使用一个共同的语法凸显度排序。

正是在此基础上，Kibble（2003）提出了一个向心博弈模型。Kibble（2003）把指称消解刻画为一个（限时的）博弈，如果听话者H能够正确猜测出哪一个项目会在下一句话中被指称，或者衰弱式表达（回指）的所指对象，博弈双方在有效交际方面都会受益。所以，说话者S的旨趣就是说出预测性尽可能高的话语序列，而听话者H的兴趣在于通过多局博弈，了解S说的是哪一种模式。根据Shannon的信息论，可预测性/高概率与信息性成反比关系。所以A的任务就是把每个指称事件所产生的信息减至最低。每个语言表达项目在随机序列中都有着相等的可能性。序列的组织性越强，高预测性的语言项目就会越多。优化程度越高，S所需的规划努力和记忆配额就会越多，H就会利用这一点，以便使先前语句（如上文的小句或整个语篇）的纪录不被打破。

基于以上考虑，Kibble（2003）把合作性指代消解描绘为不完全信息的非合作性博弈。"非合作性"并不是指竞争或冲突，而是指局中人不是公然协调他们的策略，局中人所掌握的信息是不完全的，因为他们并不知道其他人所采取的策略，即使在事件之后也不知道。局中人都试图把效用最大化，把成本最小化，在预测其他局中人策略的效用的基础上选择自己的策略，为了体现以上事实，Kibble（2003）把对话参与者模拟为"多参与者系统"，把对话模拟为有多个局中人的博弈，其中包括说话者为主导的篇章规划者P，指称表达生成器REG以及听话者主导的指称解析器RR，语篇模拟器DM。最佳的结果将是"那什均衡"，其中任何局中人不能通过单方改变策略提高他们的支付，除非所有的指称都成功解析。

处理模块可以图式化地描述如下，当然其中只精选了可能的策略，按照处理努力和/或记忆成本的递升次序排列。

说话者视角：

1. Planner/Content Determination（P）：负责把输入的命题组织安排到篇章结构内，它们可能已经根据连贯关系进行了部分排序；通过选择动词形式，实现论元的优选顺序，来规划句子。规划努力的增加会提高指代事件的客观预测性。

Random: 什么都不做，命题和论元在小句内随机排序。

Salient-Arg: 根据感知凸显性，提高句子内的论元。

Align: 对连续的句子进行规划，使它们与凸显性排序协调一致。

Global: 对句子序列进行规划，在凸显性一致的情况下，使指代连续性最大化。

2. Realiser（REG）：生成合适的指称表达来指代谓语的论元。

Null: 不做（或几乎不做）任何处理：生成零形式ø或人称代词。

Short-NP: 使用基本层次谓语的缩减性定指名词短语，如the dog

Full-NP: 唯一性、可辨认的定指名词短语，如the small white poodle in the kennel

听话者视角：

1. Discourse Modeller: 记录语篇中提及的实体，它们可能成为回指消解的候选项。

Ø: 没有记录语篇所指，只有明确表达的定指名词短语

1-Cl 为处于焦点的所指保留一个小句的缓冲空间

Center Model: 把在前一句的前一句U_{n-2}中最凸显的，并且在前一语句U_{n-1}中标出的凸显等级列表保留下来。为下一句U_{n+1}的主语指出默认指称对象。

Full DM: 结构完整的语篇模型，包括凸显排序列表的历史纪录。此模型如果被切分开来，可以反映出语篇结构。

2. Reference Resolver: 负责根据语域中的实体辨认指称词的指称对象。

Default: 对DM所预测的指称对象（如果有的话）进行确认

Search-DM: 搜寻由DM构建的语篇模型

Search-Dom: 如果在语篇模型中找不到候选项，搜寻整个语域

Repair: 找回策略：重读语篇；在心里重新回放听到的语句或询问说话者

根据以上讨论，我们可以清楚地看到，在构建连贯规划过程中，P付出的努力越多，REG就越有可能使用缩减形式。RR通过较少努力对指称表达的成功阐释取决于DM所做的工作。我们可以把这些模块看作一套连锁齿轮：P和DM朝着一个方向转动，REG和RR朝着另一个方向转动。

9.3.2 回指的向心博弈

根据Shannon的信息论，一个事件产生的信息量是其在语境中概率的函数：$I(e) = \log_2 1/p(e)$。

说话者S通过规划语句序列，尽量减少指称事件产生的信息，允许使用非信息性或衰减表达（代词，空字符串），从而在生成指称表达过程中可以节省力气。消解回指需要听话者H进行非单调推理。最优先的情况

是当这一过程只涉及最少信息量的时候。最佳的状态是当回指对象d在小句C中实现为回指语的时候，而且满足以下条件：没有信息量比回指对象d更小的其他回指对象d`，即I（d）≤I（d`），而且，d`在小句C中也不实现为回指语。换句话说，"最轻"的回指表达必须挑出预测性最强的回指对象。这一点与向心理论的规则1非常相似。

向心理论的规则2可以重构如下：假设S和H共同筹划组织一个语篇，这个语篇把推理的可预测性最大化，随着话题的持续进行，我们可以期待一个基于语法的凸显序列的出现。如此一来，向心理论规定的规则和限制原则上可以被理性交际的基本原则所代替，当然为了描写的方便，我们仍然保留了向心理论的术语。

基于以上处理模块，Kibble（2003）设计出一个语篇回指确认的博弈模型。他指出，以上所列的那些模块可确定一个四维释义空间（在表中按序排列）。

Planning Modelling	Modeller	1 Ø	2 1-C1	3 CM
Planner	1. Random 2. Align 3. Global	O1	O2	O3
Planning REGen	Realiser	1 Null	2 Short-Np	3 Full NP
Planner	1. Random 2. Align 3. Global	O4	O5	O6
Modelling Resolution	Resolver	1 Def	2 S-DM	3 S-Dom
Modeller	1. Ø 2. 1-C1 3. CM	O7	O8	O9
RE GE Resolution	Resolver	1 Def	2 S-DM	3 S-Dom
Realiser	1. Null 2. Short-NP 3. Full-NP	O10	O11	O12

每个标有O_n的点都确定一个"解"（纳什均衡），其中无任一博弈方能通过沿相关轴线移动来单方面提高他们的效用。

这个思维空间可以用坐标表示为<P, REG, DM, RR>。向心理论的经典模型认为语篇最佳运行状态的坐标接近<3, 1, 3, 1>，即：说话者和听话者都被假定为理想的合作方，他们对于规划和模拟的高水平任务给予最大的努力，所以他们在实现和指代消解的低水平任务上就可以最省力。如果对话中涉及不合作的说话者，他们既不提前规划，也不根据共识基础上的凸显性来排列名词性论元，这样的情形，可用坐标表示为<1, 3, 1, 3>。中间的状态是说话者和听话者都愿意合作，但是他们的时间和注意力可能存在某些冲突（即受限的理智），这种情况下，坐标可能会落在<2, 2, 2, 2>附近。

可以从两方面来看这种模型：一方面，它是关于两个理性局中人通过对交际博弈的不断重复共同发展出一组可使他们有效交际的策略。譬如，局中人A一开始就使用语法凸显性来最大程度上减少其指称行为的任意性，局中人B则尝试不同的凸显等级排序，直到他找到一个可以提供有关A下一步会指称什么的最可靠的预测。局中人B可能会注意到，A在使用缩略的定指名词短语，所以值得他去记录下已被指称的实体以便后面用于对回指词进行确认；另一方面，我们可从该模型中看到各种释义方法。如，已被成功用于解决协调问题的某一策略将来还会被采用，它会成为一种先例，当A和B与C交谈时，他们还会采用他们所共同发展出的策略，而不会重新开始一个新的相互适应的过程（许宁云 2005）。

9.3.3 简评

Kibble（2003）所提出的语篇回指博弈论将回指确认模拟为一种发话者（包括语篇规划者和指称实现者）和受话者（包括语篇模拟者和指称释义者）之间交互作用、平衡决策的博弈过程，这是一种对回指确认过程的动态和非线性处理，它克服了传统上把回指确认过程作为一种按凸显性和可预测性来依序选择的静态和线性处理方法（许宁云 2005）。例如，Kibble（2003）把回指确认的场景模拟为一种不完全信息博弈，这样可以克服向心理论中为回指中心可预测性所设立的单一性标准，因为他考虑到交际过程中所需追加的额外努力。根据不完全信息对策，"各个局中人所获的信息起点大致相同，差异主要在于对博弈规则的理解上存在不确定性，但这种不确定性可以在博弈过程中逐步加以解决"；同样，在回指确认过程中，博弈双方对于有效交际的目的和结果、回指确认的常规操作过程，以及指称形式和信息含量、可预测性和指称释义等要素之间关系的信息都有一定的了解，也就是说，他们的信息起点大致相同，但他们对于博弈过程中双方可能会采取的某些具体的策略和规则还不是非常明确，譬如，就论元在小句中按凸显等级排序来说，博弈双方对于排序规则可能会持有不同的看法，一方可能按传统的语法角色排序，而另一方可能会按题元角色、语义表征或概念结构排序，当然，局中人对于如何解决这种不确定性一般都会拥有某种先验的判断，而且他们会通过不断重复的博弈过程来逐步了解对方可能使用的规则，对方也会有选择地向自己透露有关"解"的部分内容，这就意味着自然的博弈过程逐步消除了那些不确定性（许宁云 2005）。

因此，Kibble（2003）的回指博弈论可以克服那种把交际看成是一种理性合作的理想化观点，可以更全面、更深刻地揭示语言交际的本质特征。然而，他的回指博弈中也或多或少存在某些理想化成分，就其博弈模型来说，里面的纳什均衡在很大程度上是一种理想化的均衡。另外，Kibble（2003）在他的博弈模型中为信息效用、话语的意义概率以及因语言复杂性而投入的努力之间设定了一个标准。此标准是一种接近向心理论中代词规则的理想化标准，在现实话语中，此标准对于歧义消解和指称确认来说还是不够的。

许宁云（2005）认为，Kibble（2003）的语篇回指博弈采用的是经典博弈论的建模路径，因此，在利用博弈模型对现实语料进行模型化分析时，它没有意识到每个标准的非合作博弈都是镶嵌在一系列合作的基础之上的。如果博弈局中人不能在标准博弈中达成均衡，或博弈"出错"，那么其中一个局中人会有动力通过"引入"或"呈现"另一层面的博弈空间，将原标准博弈镶嵌到新的博弈空间中去，以实现自我支持的博弈结果，这是一种镶嵌式博弈策略。基于以上分析认为，许宁云（2005）主张Kibble（2003）的博弈模型中应采用这种镶嵌式博弈策略，因为它可以使博弈分析超越那种纯数学化的标准博弈模型框架，而且还可以有效地处理均衡理想化问题。

Kibble（2003）的语篇回指博弈中之所以存在理想化倾向，还因为它没有考虑到交际双方所拥有的背景知识、心理状态等相关因素，这恰恰是与博弈观相悖的，因为不完全信息博弈考虑到博弈双方所拥有的不同个性特征、知识和能力以及心理状态。

9.4 结语

　　语言是人类交际交流的手段，它涉及至少两方不同的交际者，即说话者和听话者，或者作者和读者。语言是思想的载体，人类思想通过语言进行传递。尽管人类可以毫不费力地通过语言进行交流，但语言的编码和解码过程是非常复杂多变的。交际的一方产出语言，通过语言编码，表达某种意义。但此编码过程可以有多种形式，即语言产出者可以采取不同的策略选择编码形式，如是否使用指代词；然后交际的另一方对语言进行解码，努力理解对方试图表达的意义，如果有指代词的话，要努力解析出指代词的所指，并作出反馈。这样一个复杂的互动过程正好与博弈论的思想相吻合。所以，有些哲学家和语言学家对于从博弈论的角度研究语言做出了很多有益的尝试。

　　从语言博弈论的角度研究回指是一个新的研究思路，也是测试语言博弈论的解释力的有效手段。因为，回指是语言中的测试剂，它处于语法、语义、语用和语篇的界面之上，可以检测相关理论是否能够站得住脚。而，从另外一个角度来说，回指研究中比较有影响的理论框架之一是向心理论，这不难让人联想到把博弈论和向心理论联系起来。这方面最突出的研究成果就是Kibble（2003）的向心博弈论。

　　Kibble（2003）提出向心博弈论的最初目的是取代向心理论。他在前人研究的基础上，认识到向心理论的弱点，试图利用博弈论，提出一些更加基本的关于信息性和处理效率的原则，以此取代向心理论的规则和限制。Kibble（2003）的向心博弈论弥补了前期研究的不足，从博弈的视角，把说话者和听话者作为博弈的双方来进行分析，同时考虑到了双方的认知努力。Kibble把合作性指代消解描绘为不完全信息的非合作性博弈，并分别从说话者和听话者的视角提出了不同的处理模块。

　　但是，Kibble（2003）的向心博弈论也有其不足之处，如，它也存在一些理性化的成分。无法考虑博弈双方的立场和知识背景。另外，它也没有考虑到语言差异性的影响，如汉语中大量使用零形回指，这可能会给向心博弈论模型的运用带来障碍，回指消解时会产生分歧。另外，Kibble（2003）的向心博弈论比较抽象，可操作性不强，计算机算法的可实现性比较弱。它不像向心理论那样简单、明了、易操作。

所以，我们认为Kibble（2003）的向心博弈论只能算是另外一种思路或研究路径，它还是无法完全取代经典向心理论。至于两者哪一个的解释力更强，还需要大量的实证研究加以验证。

第三部分
向心理论的应用研究

第十章 回指消解[1]

10.1 引言

从20世纪70年代开始，回指现象成为现代语言学理论研究的中心课题之一（徐赳赳2003）。近年来，回指不仅是语言学研究的中心课题，它也越来越引起哲学家、心理学家、认知科学家和人工智能研究者的兴趣和注意（Huang 2000）。

回指消解（anaphora resolution）是指为回指语确定其所指（referent）的过程（Hirst 1981）。它一直以来就是自然语言处理（Natural Language Processing）发展的主要障碍之一（Mitkov 2001）。然而，回指消解研究是一项富有意义的工程，对包括机器翻译（machine translation）、自动文本概要（automatic abstracting）、信息提取（information extraction）在内的诸多自然语言处理的应用具有重大作用（刘礼进 2005a）。回指消解过程实际上是建立概念关联的过程，是文本处理的核心问题之一。然而，回指消解是困难的，无论是对潜在先行语的识别，还是从先行语候选集中挑选出最合适回指语的先行语，都需要用到多级语言知识，包括句法知识、语义知识、上下文知识，甚至领域知识。在当前自然语言处理的水平下，要有效地得到所需的这些知识仍然不是件容易的事情。汉语回指消解的研究比英语的回指消解研究要少得多。而且，所报道方法的鲁棒性（robust）和可实现性并不强（王厚峰，梅铮 2005）。

本文属于计算语篇学的研究，它旨在从向心（centering）的视角研究汉语中的回指消解问题，主要探讨如何运用向心理论（Centering Theory）来消解汉语中的回指。向心理论是由美国语言学家和认知科学

---

1 本章内容基于笔者的博士论文中文摘要修改而成，另外，曾作为单独论文发表在《外语教学》（2011年第3期）上。

家在20世纪末发展起来的关于语篇处理和语篇局部结构的理论。这一理论出现后，引起了人们的极大兴趣，并已被广泛地运用于语篇分析、语篇的计算机处理和句法分析等研究领域（苗兴伟2003）。向心理论是一种语篇理解的计算模型，它可以考察注意状态、指称形式和推理过程的控制之间的相互关系，因其简洁、易处理，一直作为回指消解的主要算法之一（Yamura-Takei, et al. 2001；刘礼进2005b）。向心理论有两大优点，首先，它只依靠句子的表层信息，而不需要大量的百科知识来消解回指，更容易在计算机系统上实现。其次，它是作为一种普遍理论提出的，可以被应用于多种语言（Walker et al. 1994；Grosz, et al. 1995；Manabu & Kouji 1996）。本文旨在基于向心理论，推导汉语回指消解算法。

10.2 汉语向心模型

从这一意义上说，向心理论是一种参数化理论（parametric theory），自从向心理论出现以来，许多研究者研究了向心理论的参数在不同语言中的表现情况（Kameyama 1985；Brennan, Friedman & Pollard 1987；Di Eugenio 1990；Gordon, Grosz & Gillion 1993；Rambow 1993；Cote 1998；Turan 1998）。但是，目前汉语在这方面的研究还是比较少。因此，在本论文中，我们的第一个任务就是在汉语中确定向心理论的参数。我们结合汉语的特点，提出了适合于处理汉语语篇的向心理论模型，我们称之为"汉语向心模型"（Centering Model for Chinese，简称CMC）。下面是CMC的理论框架：

CMC主要包括三大组成部分

（一）Cb-Cf配置

对于由语句U_1……U_m组成的语篇片段D中的每一个语句U_i：

1. 每句最多有一个Cb（U_1中无Cb）

   a. Cb（U_i）是在U_i中实现的Cf（U_{i-1}）中排在首位的实体，即Cp（U_{i-1}）

  b. 如果 Cf（U_{i-1}）中的某个成分在 Ui 中实现为零代词，那么这个零代词就是 Cb（Ui）

  c. 只有当句中没有其他更简约的指称形式时，代词或名词才可以做本句的 Cb.

2. 指称表达式的选用依赖于 Cf 列表中先行语的凸显程度，故，

  a. Ui 中一个最简约（reduced）的表达式，如零形式或非重读代词，一定是 Cp（U_{i-1}）的实现.

  b. Ui 中最明晰（explicit）的表达，如完整的名词短语，一定是 Cf（U_{i-1}）中最不凸显的实体。

（二）汉语的 Cf 模板为：

主题 > 主语 > 直接宾语 > 间接宾语 > 其他

（三）汉语的过渡状态排序为：

延续过渡 > 保持过渡 > 流畅转换过渡 > 非流畅转换过渡。

  CMC 是处理汉语语篇的理论模型，它可以考察汉语语篇的衔接和连贯，语篇中语义实体的认知状态，语义实体凸显性的变化规律。向心理论出现后，一直作为回指消解的主要算法之一，那么 CMC 是否也可以用于汉语的回指消解？下面我们将解决这个问题。在解决这个问题之前，有必要对我们的研究对象——汉语的回指做一考察。

10.3 汉语中的回指

  学界关于回指的分类众说纷纭，比如 Halliday & Hason（1976）、Cornish（1986）、Chen（1986）、Chu（1998）、王灿龙（1999）、Mitkov（2002）和许余龙（2004）都给出了自己对回指的划分。通过比较，我们发现他们的划分有一个共同点，即都是为他们的研究目的服务。因此，我们对回指的划分也应该服务于我们的研究目的——自然语言处理中的回指消解，我们将根据不同的标准进行划分。

  首先，根据回指语的形式，汉语中的回指可以分为三类：零形回指、代词回指和名词回指（陈平1987）。

  零形回指是话语结构中一类较为特殊的指称形式，它是指一种没有

语音形式、无形有义的照应手段，通过零形式从先行项（antecedent）那里获得指代表现出来的一种特性（尹邦彦 1999）。在汉语中，零形回指的出现频率最高，分布最广泛，似乎不受限制，被认为是汉语回指的标准模式（Li & Thompson 1979）。

一般认为，汉语中的代词包括三大类：人称代词、指示代词、疑问代词（丁声树等1961，朱德熙1982）。在话语分析里，研究人称代词时，通常把注意力放在第三人称。可能的原因是，在口语中，第一人称和第二人称的使用，情景依赖很强，便于区分。书面语中，第一人称和第二人称出现在对话里时，通常用直接引号标出，而且对话前也常标出"某某人说"之类较明确的发话人，便于读者辨别。如果用第一人称陈述，文章通常先交代陈述者。这样，读者对判断第一、二人称相对来说比较简单。而第三人称不但可以出现在对话中，更多的是出现在叙述中，拿人物来举例，在叙述中，往往不止出现一个人物，这些人物都有可能出现各自的代词，特别是在人物反复出现时，指代的情况就显得更为复杂（徐赳赳 2003）。

先前的研究（丁声树等1961，黎锦熙1924，朱德熙1982）表明，指示代词和疑问代词主要用于直指[1]（deictic），尽管它们也有回指的功能。如：

（1）a. 这是仪器厂，那是图书馆。（朱德熙1982：86）
　　　b. 哪一个是你的朋友？

在（1）中，"这"，"那"，"哪一个"都是用于直指，也就是我们所谓的外指（exophora），即他们的所指不在上文中，而是在文外，在现实中。所以，对于代词，我们只能把第三人称代词作为我们的研究对象。

徐赳赳（2003）在廖秋忠（1992）分类的基础上，以第一次引进篇章的人名和物为参照点，把名词回指对象[2]分成五大类："同形"，"部分同形"，"同义"，"上义/下义"和"比喻"。名词回指的回指语和先行语在语义上是相连的。如果我们要成功消解名词回指的话，仅仅从形式上进行是不够的，语义关系和结构起重要的作用。在本文中，我们从向心

---

1 《现代语言学词典》戴维·克里斯特儿编，沈家煊译，商务印书馆，2000。该术语亦可译为"直示"。
2 徐赳赳（2003）所谓的"回指对象"就相当于我们所谓的"回指语"（anaphor）。

的视角来消解回指，而向心理论在很大程度上依赖于表层形式，所以我们也不能把名词回指纳入本文的研究之中。

综上所述，通过对整个汉语回指系统的考察，我们可以得出以下结论：向心理论只适合消解汉语中的零形回指和第三人称代词回指。对于其他类型的回指，比如，第一、第二人称代词回指和名词回指由于过于依赖语境和语义，与向心理论的宗旨不符。所以，本论文只把零形回指和第三人称代词回指作为我们的消解对象。

为了研究的方便，我们又根据回指语和先行语的位置对回指进行了划分。根据回指语和它的先行语是否在同一个句子结构中，回指可以分为句内回指（intrasentential anaphora）和句间回指（intersentential anaphora）（Li & Thompson 1981）。这里所谓的"句"，为了便于分析和行文，我们定义为口语中有语音停顿，书面中有点号标记的主谓结构（含主语或宾语为零形式的情形）。也就是说，这里讲的句子，是仅就句法层面而言，不管是否能单独表达满足交际需要的完整意思，它不同于传统语法学中一般的"句子"概念（王灿龙 1999）。

在句间回指中，回指语和先行语处于不同的句子中，根据包含回指语和它的先行语的语句之间的距离，句间回指可进一步分为邻近回指（immediate anaphora）和长距离回指（long-distance anaphora）。在邻近回指中，含有回指语的语句紧跟在含有其先行语的语句之后，而在长距离回指中，含有回指语的语句与含有其先行语的语句之间有其他语句的存在。

10.4 消解算法推导

在确定了我们的研究对象之后，我们开始推导可行的消解算法。

10.4.1 首次逼近

回指语的自动消解包括以下三大步骤：（1）回指语的辨识；（2）候选先行语的定位；（3）在回指消解要素的基础上从候选集中选择先行语（Mitkov 2002：34）。下面详细说明。

首先，消解的第一步是辨认回指语。先看零形回指，零形回指比较特殊，它的回指语是隐性的，无形有义，为此我们专门设计了以下辨认规则：

> 把语句作为处理单位输入电脑，然后核查一下这个语句中是否存在表现为零形式的语义实体。这一点，我们主要是根据谓语动词来判断，每个谓语动词都需要一定数目的名词或名词短语来充当它的论元（argument），通过核查语句的表层字符串（surface string），如果发现在表层字符串中出现的语义实体的数量小于谓语动词所需要的论元数，那么我们断定在此语句中有零形式的语义实体。

比如，如果一个谓语动词要求有两个论元，而字符串中只有一个语义实体，那么肯定有一个语义实体是以零形式出现，来充当谓语动词的论元。所谓词语形式上没有而意思上有的成分，一般限于下面两种情况（陈平1987）：

（一）谓语动词的支配成分

（二）主谓谓语句、名词谓语句、形容词谓语句等非动词谓语句中的主语

代词回指相对来说比较容易辨认，毕竟它们有实在的形式，但是，这里还有个问题，并不是所有的代词都起回指作用，"他"还有一些非回指的用法，如：

> （2）一个人离开了集体，<u>他</u>就一事无成。（徐赳赳 2003）
>
> （3）你一宗，<u>他</u>一宗，从晌午说到太阳落，一共说了五六十款。（赵树理）（丁声树等1961）
>
> （4）等回国后，我非捞捞本不可，睡<u>他</u>十天十夜，吃饭你们也别叫我。（杨朔）
>
> （5）咱哥儿俩扭<u>他</u>一回。呛、呛、起、呛、起……（老舍）

例（2）中的"他"是泛指或任指。例（3），（4），（5）中的"他"用在数量词前，空无所指，没有实际的意义，只有加重语气的作用。

在自然语言处理中，只有具有回指功能的代词才需要消解，这就需要我们把不具有回指功能的代词剔除，我们通过研究，得出了以下剔除规则：

> 如果"他"出现在以下情况中，我们认为它是非回指用法，不

把它纳入消解范围：

1）"他"出现在语篇片段的首句中，并且出现在它前面的名词短语不是其先行语。

2）"他"出现在数量词的前面。

3）在语篇片段的末尾出现类似的结构，如"这就是＋名词"，"他叫＋名词"。

辨认出了回指语、确定了我们的消解对象之后，我们下面来看一下消解的操作机制。首先看零形回指。如果在处理过程中遇到零形式，我们要根据向心理论来找出此语句可能的Cb-Cf结构。根据向心理论的规则（1），零形式应该为本句的Cb，因为在汉语或日语中，零形式的地位就相当于英语中的代词的地位（Kameyama 1985）。再根据制约条件（3），Cb（U_i）是Cf（U_{i-1}）中排列最靠前的成分，即Cb（U_i）也就是Cp（U_{i-1}），那么作为本句Cb的零形式肯定与上一句的Cp共指（co-reference），如果找到Cp（U_{i-1}）的话，U_i中的零形式也就容易解析了。根据向心理论模型，Cp（U_{i-1}）的确认与Cf排序（Cf-Ranking）有关，因为Cp（U_{i-1}）是Cf（U_{i-1}）中排列最靠前的成分。如此，通过Cf排序，我们就可以找到零形式的先行语Cp（U_{i-1}）。

对于代词回指语，我们采取同样的操作，因为当句中没有零形式时，代词就是最凸显的成分，将是句中的Cb。但是，有的情况是，零形式和代词同时出现，如果遇到这种情况，我们做如下处理：因为零形回指比代词回指凸显，如果U_i中有零形回指，那么零形回指就是Cb（U_i），零形回指的先行语就是Cp（U_{i-1}）。除了零形回指，代词回指是最凸显的，所以，代词回指的先行语就应该是Cf（U_{i-1}）序列中的第二个成员。下面举例说明：

（6）a. 小王$_i$怕小莉$_j$生气，

　　　b. φ$_i$赶紧跑过来安慰她$_j$。

在（6b）中有一个零形回指语"φ"和一个第三人称代词"她"。根据以上分析，我们需要得出（6a）的Cf排序，即"小王；小莉"，其中"小王"是Cp。所以，它应该是（6b）中零形回指语的先行语，"小莉"是Cf

序列的第二个成员，它应该是（10b）中代词"她"的先行语。事实证明，这种推理是正确的。

通过以上的推导分析，我们得出了回指消解算法的首次逼近（first approximation）。

汉语回指消解算法（首次逼近）

第1步，输入语句U_i作为处理单元

第2步，核查它的论元结构，如果有缺省（default），标记为零形回指语ZA，如果U_i中有集合"他，她，它，他们，她们，它们"中的成员出现，标记为代词回指语PA。

第3步，如果句中只有一个ZA或一个PA，依次运行第6，7，8，9，11步

第4步，如果句中既有ZA，又有PA，依次运行第6，7，8，10，11步

第5步，如果句中既没有ZA，也没有PA，运行第11步

第6步，处理U_{i-1}，得出其可能的Cb-Cf结构，如果没有U_{i-1}，运行第11步。

第7步，把U_{i-1}中的Cf按照以下Cf模板排列：主题＞主语＞宾语＞其他

第8步，根据以下限制条件核查Cf序列，把不合格的Cf剔除：

1）共指抵触限制；

2）谓语选择限制；

3）词汇语义限制；

4）性别和数量限制

第9步，把$Cp（U_{i-1}）$作为先行语

第10步，把$Cp（U_{i-1}）$作为ZA的先行语，$Cf（U_{i-1}）$中的第2个成员作为PA的先行语。

第11步，更新数据，继续处理U_{i+1}。

但是，当我们把这一算法用于汉语回指的消解时，我们发现这一算法只适用于邻近回指，这是由向心理论的局限性造成的。向心理论是一种局部聚焦（local focusing）理论，是处理局部语篇连贯的模型，此理论默认回指的先行语出现在前一句中，因为它的考察范围是相邻的两个语

句。但事实并非如此，汉语中还存在句内回指和长距离回指，它们的先行语就不是出现在前一句中。为了使我们提出的消解算法也能适用于句内回指和长距离回指，我们必须对CMC进行扩展。我们朝两个方向扩展：句内向心和长距离向心。

10.4.2 句内回指消解

运用CMC来处理句内回指，我们的做法是把复杂句或者多动词句以动词为中心切分成有组织结构的次句子单元（subsentential unit），这些次句子单元就相当于句间向心的"语句"（Manabu & Kouji 1996；Kameyama 1998），然后再运用传统向心理论进行处理。这种方法从计算的角度来讲是值得倡导的。对于一个复杂句，一部分一部分地处理，这样处理过程中的计算负担（computational load）更容易控制，因为语句处理的复杂性根据语句中需要消解的指称（reference）的数量以幂的形式增加，并且减轻计算负担也是向心理论的初衷之一。

根据我们的考察，汉语中的句内回指主要发生在以下结构中：多动词句，繁复句（复句）和主题句。

多动词句指的是这类句子：有两个或两个以上的动词或动词词组在句子中充当谓语。这类句子的特点是：1）整个句子中间没有停顿；2）句子中第二个动词和以后接着出现的动词的施事者，是以零形回指对象的面貌出现的（徐赳赳 2003：84）。例如：

（7）a. 大夫$_i$只用几十秒ϕ_i做完检查就ϕ_i下笔ϕ_i开处方，……

b. 他$_i$曾派人$_j$到川康等地ϕ_j联络国民党将领。

c. 萧先生$_i$毅然率子女$_j$$\phi_{i+j}$返回祖国。

多动词句的句法类型分连动式、动补式、兼语式三大类型（黄行 2004）。而句内回指主要出现在连动式和兼语式中。

通过考察，我们发现在多动词句切分之后，一般句内回指语不出现在第一个小句中，出现在其他小句中，它的先行语的情况有以下三种：

1）第一个小句的主语

2）第一个小句的宾语

　　3）第一个小句的主语和宾语之和

　　所以，我们的任务就是找到其中的规律。为何有这些差异？主要根源在于第一个小句的谓语动词上，总结归纳一下这些动词的类型，建立集合库，在算法设定中规定，如果某个库中的动词出现，就启动相应的算法。

　　复句的构成方式有两种：一种是由两个或两个以上的分句按一定的次序直接组合起来，成为一个复句。一种是借助起关联作用的词语（通称"关联词语"），把两个或两个以上的分句组合起来，成为一个复句。复句在切分之后，次句子单元可能形成线性结构，树形结构或更复杂的层次结构。所以，我们在处理复句时，应优先在层次相同的紧邻前句中寻找先行语。

　　主题句是汉语的重要特征，因为主题在汉语语法中的重要性，汉语可以被称为"主题突出型语言"（Li & Thompson 1981）。把主题句切分以后，一般来说，主题部分是一个独立的中心更新单元，句子的其余部分为另一个单元。通常情况下，主题是句内回指的先行语，这是因为主题是句子中最凸显的部分。

　　通过分析归纳，我们得出了句内回指消解算法。

　　　　汉语句内回指消解算法：
　　　　第1步，输入语句U_i作为处理单元
　　　　第2步，如果U_i中有句内回指语，把语句U_i按照第3步和第4步切分成中心更新单元（center-updating unit）
　　　　第3步，如果U_i是主题结构，从主题标志语处进行切分，主题部分是一个独立的中心更新单元，句子的其余部分为另一个单元，然后启用句间回指消解算法，否则运行第4步。
　　　　第4步，如果U_i中含有多个动词，根据动词进行切分，每一个动词和它的非从句论元（non-clausal argument）构成一个中心更新单元，依次标记为C_i, C_{i+1}, C_{i+2}, ……
　　　　第5步，根据C_i中的动词V_i判断次句子单元是否在同一个层级上。如果V_i是感官动词，如"看见，发现，听到"，或心理动词"知道，羡慕，以为，心想"，或是引起一段话或表达观点的动词，如

"说，认为"，那么C_i后的单元在低一级的层次结构上（这一较低的层次，在以下标记词前结束，如"就""于是""不禁""忍不住"），更新中心数据结构，运行第6步。

第6步，对于同一层级上的中心更新单元，启用句间回指消解算法

第7步，如果C_i中只有一个名词短语NP，那么NP就是句内回指语的先行语。

第8步，如果C_i中有两个NP（最多有两个NP，一个作主语，一个做宾语），运行第9步

第9步，如果V_i属于以下集合"使、让、叫、派、命令、吩咐、禁止、请求、选举、教、劝、号召等"，C_i的宾语是先行语；如果V_i属于集合"随、随着、带、带领、陪、陪同、领、率、率领、拉、拉着、协助、会同、约，等"，那么C_i的主语和宾语同时作为先行语。否则，C_i的主语是先行语。

10.4.3 长距离回指消解

为了消解长距离回指，我们必须把CMC扩展到语篇宏观[1]结构中去。我们进一步的研究发现，在处理长距离回指的研究领域，目前流行的回指消解系统主要是依赖篇章的线性（linear）结构来确定回指语的可能先行语列表（List of Potential Antecedents，简称LPA）。只通过线性技术来确定回指语的LPA的实证性研究所报告的回指消解召回率（recall rate）和精确率（precision rate）[2]都不超过80%（Lappin & Leass 1994；Ge et al. 1998）。而在回指消解中，如果考虑语篇层级结构的影响的话，召回率和精确率都超过80%（Fox 1987；Cristea et al. 1998）。在本文中，我们处理长距离回指时，就要考虑语篇的层级结构，我们的理论基础是脉络理论（veins theory）。

脉络理论是由Cristea，Ide 和Romary（1998）提出的，它旨在把向心

---

1 宏观（global）语篇是相对于局部（local）语篇来说的。一般认为，语篇是大于语句（utterance）的单位，一个语篇至少有两个语句构成。在语篇处理中，如果只考察由两个语句构成的语篇，称为局部语篇处理，而如果是考察由两个以上的语句所组成的语篇，称为宏观语篇处理。

2 召回率和精确率都是回指消解的评估指标。对回指的消解结果的评估，有较多的讨论（Mitkov 1999），典型的评测标准有如下几种（王厚峰 2002）：
  精确率（Precision Rate）：正确消解的指代数目/试图消解的指代数目；
  召回率（Recall Rate）：正确消解的指代数目/系统识别的指代数目；
  成功率（Success Rate）：正确消解的指代数目/全部的指代数目。

理论的应用范围扩展到宏观语篇。脉络理论可以说是一种处理宏观语篇的理论模型，它可以考察宏观语篇的衔接和连贯。该理论弥补了向心理论不能处理宏观结构的缺陷。脉络理论正是基于语篇结构来实施回指消解的，它继而提出了"指称可及域"（Domains of Referential Accessibility，简称DRA）的概念。这一概念非常重要，因为，在语篇中有些语句在物理结构上是临近的，但语义上也许处于不同的层级之中。所以，从这一角度来看，他们并不临近。而另外一些语句看似遥远，但他们也许在层级结构中是临近的。所以，如果这一概念用于回指消解，特别是长距离回指消解的话，可以大大提高消解的成功率。我们在脉络理论的基础上提出了以下的汉语长距离回指消解算法。

汉语长距离回指消解算法：

第1步，如果U_i中的回指语在本句和U_{i-1}中都找不到先行语，那么就启动长距离回指消解程序

第2步，把U_i所在的语篇片段D_i作为处理单元输入电脑

第3步，计算出D_i的脉络结构

第4步，计算出U_i在D_i中的领首标记（head）和脉络标记（vein）

第5步，计算出U_i的DRA

第6步，根据DRA，把U_i之前的语句中的Cb按照跟U_i的邻近性排列起来，作为宏观Cb列表

第7步，依次检验列表，把第一个与U_i的限制条件不抵触的Cb作为该回指语的先行语

10.4.4 消解算法整合

在我们把CMC扩展到句内和宏观结构中以后，我们推导出了句内回指消解算法和长距离回指消解算法。我们把这两个算法和回指消解算法的首次逼近综合起来，就可以得出一个统一消解汉语回指的算法。

这里有一点需要指出，在分析句内回指时，我们可以发现，句内回指的消解在很大程度上依赖于句法和语义分析，但是CMC消解回指时的宗旨是鲁棒性的，不依赖知识库（knowledge-poor）的，所以我们最好把句内回指的消解放到预处理（preprocessing）阶段。因为在我们预处理输

入材料时，我们会做一些切分（segmentation）和语法分析（parsing），这时如果遇到句内回指，我们就把它们消解掉，还有一个原因就是在三类回指中，句内回指是最少的，最不常见的，我们把重点放在处理邻近回指和长距离回指上，可以减轻计算机的处理负担。

下面是我们得出的扩展了的回指消解算法。

扩展了的汉语回指消解算法

第1步，输入语句U_i作为处理单元

第2步，如果U_i中有一个ZA，或一个PA，或既有ZA，又有PA，计算其DRA，否则继续处理U_{i+1}

第3步，如果句中只有一个ZA或一个PA，依次运行第5，6，7，8步

第4步，如果句中既有ZA，又有PA，依次运行第5，6，7，9步

第5步，处理DRA中的U_{i-1}，得出其可能的Cb-Cf结构，如果没有U_{i-1}，运行第10步。

第6步，把U_{i-1}中的Cf按照以下Cf模板排列：主题＞主语＞宾语＞其他

第7步，根据以下限制条件核查Cf序列，把不合格的Cf剔除：

1）共指抵触限制；

2）谓语选择限制；

3）词汇语义限制；

4）性别和数量限制

第8步，把$Cp(U_{i-1})$作为先行语

第9步，把$Cp(U_{i-1})$作为ZA的先行语，$Cf(U_{i-1})$中的第2个成员作为PA的先行语。

第10步，如果回指语被成功消解，更新数据，继续处理U_{i+1}，否则，运行第11步

第11步，启动宏观核查

1）根据DRA，把U_i之前的语句中的Cb按照跟U_i的邻近性排列起来，作为宏观Cb列表

2）依次检验列表，把第一个与U_i的限制条件不抵触的Cb作为该回指语的先行语

3）如果回指语被成功消解，更新数据，继续处理U_{i+1}，否则，

运行第12步

第12步，返回NAF（NAF是No Antecedent Found 的首字母缩写，意指"找不到先行语"）。当NAF被返回时，可能是预指（cataphora）或外指（exophora），也可能是需要相关百科知识（world knowledge）才能解释的情况。

基于此算法，我们可以构拟出汉语回指消解系统流程。

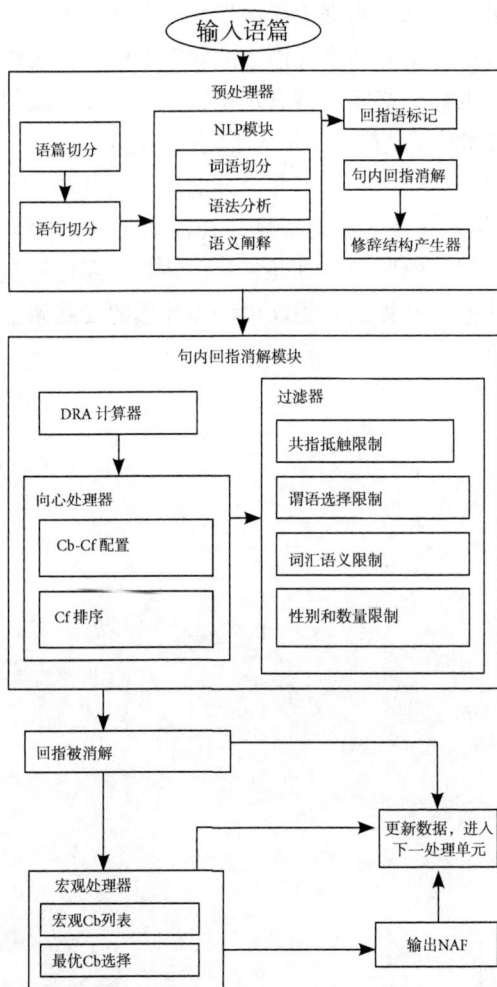

```
                        ┌──────────┐
                        │  输入语篇  │
                        └──────────┘

┌────────────────────────────────────────────────┐
│                  预处理器                         │
│              ┌──────────┐      ┌──────────┐      │
│              │  NLP模块  │ ───→ │ 回指语标记 │      │
│  ┌────────┐  │ ┌──────┐ │      └──────────┘      │
│  │ 语篇切分 │  │ │词语切分│ │      ┌──────────┐      │
│  └────────┘  │ └──────┘ │      │句内回指消解│      │
│      │       │ ┌──────┐ │      └──────────┘      │
│  ┌────────┐  │ │语法分析│ │      ┌──────────┐      │
│  │ 语句切分 │→ │ └──────┘ │      │修辞结构产生器│     │
│  └────────┘  │ ┌──────┐ │      └──────────┘      │
│              │ │语义阐释│ │                        │
│              │ └──────┘ │                        │
│              └──────────┘                        │
└────────────────────────────────────────────────┘

┌────────────────────────────────────────────────┐
│                句内回指消解模块                    │
│  ┌──────────┐      ┌────────────────────────┐  │
│  │ DRA 计算器 │      │         过滤器          │  │
│  └──────────┘      │  ┌──────────────────┐  │  │
│                    │  │   共指抵触限制     │  │  │
│  ┌──────────┐      │  └──────────────────┘  │  │
│  │ 向心处理器 │      │  ┌──────────────────┐  │  │
│  │┌────────┐│ ───→ │  │   谓语选择限制     │  │  │
│  ││Cb-Cf 配置││      │  └──────────────────┘  │  │
│  │└────────┘│      │  ┌──────────────────┐  │  │
│  │┌────────┐│      │  │   词汇语义限制     │  │  │
│  ││ Cf 排序 ││      │  └──────────────────┘  │  │
│  │└────────┘│      │  ┌──────────────────┐  │  │
│  └──────────┘      │  │  性别和数量限制    │  │  │
│                    │  └──────────────────┘  │  │
│                    └────────────────────────┘  │
└────────────────────────────────────────────────┘

┌──────────┐
│ 回指被消解 │ ──────────────┐
└──────────┘               │
     │                     ↓
     │            ┌─────────────────┐
     │            │ 更新数据，进入    │
     │            │ 下一处理单元      │
     │            └─────────────────┘
     ↓                     ↑
┌──────────┐               │
│ 宏观处理器 │               │
│┌────────┐│        ┌──────────┐
││宏观Cb列表││        │  输出NAF  │
│└────────┘│   ───→ └──────────┘
│┌────────┐│
││最优Cb选择││
│└────────┘│
└──────────┘
```

10.5 结语

虽然，建立全自动的回指消解系统还有很长的一段路要走，但它毕竟是我们最终的奋斗目标。在本研究中，我们在向心理论的基础上，结合汉语的特点总结出了既可以消解邻近回指、又可以消解长距离回指的算法。从向心的视角来消解回指，为汉语的回指消解研究提供了一个新的思路。

我们在汉语中验证了经典向心理论，并且对之作了扩展，这将有利于向心理论的进一步发展。自从向心理论提出以来，它已经被应用于英语、德语、土耳其语、日语和意大利语等语言的研究之中，但汉语在这方面的研究还不多。汉语的研究必将丰富其理论框架。另外，我们还把向心理论扩展到句内结构和宏观结构中，扩大了它的应用领域。

由于时间和能力所限，本研究在以下几个方面还比较薄弱，需要将来进一步加强。首先，本文所提出的消解算法还需要进一步的试验验证。其次，我们所提出的理论框架CMC还是初步的成果，还比较粗糙。将来可以在实践中进一步修正和提高，为汉语语篇处理的发展做出更多的贡献。

第十一章　基于向心理论的自然语言生成研究

11.1 引言

　　向心理论被提出之后，主要被应用于自然语言处理的研究，尤其是用于语篇回指消解（Grosz 1977；Webber 1979；Sidner 1983；Grosz & Sidner 1986）。然而，自然语言生成研究者也试图把向心理论的思想迁移到语言生成中来（Not 1996；Yeh & Mellish 1997；McCoy & Strube 1999；Henschel et al. 2000；Kibble & Power 2000）。本文将对这方面的研究成果进行综述和介绍。为了便于读者理解，我们首先给出了自然语言生成的概观，简要介绍了自然语言生成的基本概念、主要流程、发展现状和面临的主要难点。继而，我们综合介绍了向心理论的基本框架。然后，我们从不同方面详细介绍了向心理论在自然语言生成中的应用研究情况。最后是我们从中得到的启示。

11.2 自然语言生成概观

11.2.1 自然语言生成的基本概念

　　自然语言处理是人工智能的研究课题之一，自然语言生成是自然语言处理的一个重要研究方向（周继鹏 1993）。自然语言生成（Natural Language Generation，NLG）技术是人工智能（AI）中非常活跃的一个领域，它是一个能够从抽象的标识中自动构建连续文本的一个程序，也就是给定知识源在计算机内部表示的情况下，系统能够自动决定与通话相关的信息，并把它组织成连贯的文本结构，生成合适的语言表达式（郭忠伟，徐延勇，周献中 2003）。语言生成系统是基于语言信息处理的计算机模型，其工作过程与语言分析相反，是从抽象的概念层次开始，通过选择并执行相应的语义规则和语法规则来完成的（杨国文 1998）。自然语言生成是当前计算语言学中相当活跃的一个领域，有着极其重要的应用价值（张冬茉，李锦乾，姚天昉1998）。通常，语言生成的研究有两个实用目标。其一，作为人们实际生活中的交际工具而生成各种信息。譬如：天气预报、文献摘要、信息查询等。其二，作为检验特定语言理论的一种技术手段（杨国文 1998）。

11.2.2 自然语言生成的主要流程

Reiter（1994）认为生成系统应该集中构建"一致性的"（consensus）一般自然语言生成架构，此架构包括三个任务：内容确定（语篇规划）（Text Planning）、句子规划（Sentence Planning）和表层实现。详述如下：

> 内容确定/语篇规划：确定文本的篇章结构及其内容安排，并采用恰当的树形结构来表示；
>
> 句子规划：把命题聚合成语句单元，从知识库中选定与这些概念相关的词汇项，包括指称表达。
>
> 表层实现：实现语言的表层细节，如一致关系、正确的拼写。

以上是经典管道（pipeline）模型的雏形（Reiter 1994, Reiter and Dale 1997）。由于经典管道模型具有较好的健壮性、复用性和独立性，它具有广泛的运用。在生成过程上系统根据应用目标和用户模式完成相应的语义表示、语法分析、话语结构实现来生成文本。如下图所示（张建华，陈家骏2006）：

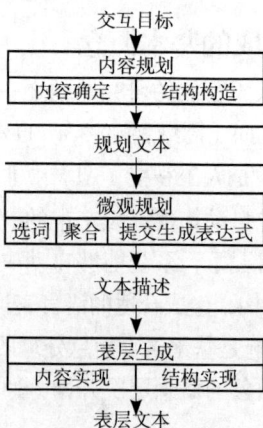

```
                      交互目标
                         ↓
              ┌────────────────────────┐
              │        内容规划          │
              ├────────────┬───────────┤
              │   内容确定   │   结构构造  │
              └────────────┴───────────┘
                         ↓
                       规划文本
                         ↓
              ┌────────────────────────┐
              │        微观规划          │
              ├──────┬─────┬───────────┤
              │ 选词 │ 聚合 │ 提交生成表达式 │
              └──────┴─────┴───────────┘
                         ↓
                       文本描述
                         ↓
              ┌────────────────────────┐
              │        表层生成          │
              ├────────────┬───────────┤
              │   内容实现   │   结构实现  │
              └────────────┴───────────┘
                         ↓
                       表层文本
```

11.2.3 自然语言生成的发展现状

自然语言生成迄今已走过了近四十年的历程，在这段时间里，从事该领域研究的专家们不断提出新的理论和方法，设计出新的生成模型，使语言生成的研究不断取得新的进展。目前语言生成的研究侧重于以下几个方面：① 在特定的语法理论框架内更加广泛深入地处理语言现象，如Fawcett的GeneSys生成系统。② 在同一语法环境下生成多语言，例如英国Stirling大学的Nigel多语种生成系统（包括英语、德语、日语、法语、荷兰语、西班牙语），上海交通大学的多语言天气预报发布系统。③ 面向实际应用的开发，如国内有北京交通大学和北京颐和园的导游系统、中国科技大学的机器人足球现场解说系统，以及人机接口等；国外的有英国Edinburgh大学Michael O'Donnell所设计的在线文件剪接系统。④ 在生成过程中对所要表达的信息进行语义和句法方面的聚合亦是目前研究重点之一。当前语言生成的研究方向主要是在语言表示形式、信息内容规划以及语言生成模型等方面（张建华，陈家骏 2006）。

11.2.4 自然语言生成的主要难点

在过去的几十年中，自然语言生成的研究已经取得了很大进展。但是，仍然有许多难题需要进行深入的探讨和研究。其中很大一部分问题与语言学理论密切相关。例如：话语结构、语言习得、语义表达、句子结构以及词汇处理。在词的处理方面，目前还没有什么好的办法来摆脱从概念到词一对一进行匹配的简单处理方式。多数生成系统仍然是在特定的系统环境中工作，也就是说，系统主要是解决那些与特定形式的输入及特定的语法模式相关的问题。现有的可执行系统一般都只承担单项工作，譬如：生成故事、进行复述、总结归纳、解释和翻译。工作任务通常被限制在特定的范围内，在特殊的交际环境中进行。对现有系统来说，另外一个严重缺陷是无论在语法词汇方面，还是在信息策划处理方法方面都不具备学习能力（杨国文 1998）。

11.3 向心理论在自然语言生成中的应用

11.3.1 篇章设计

Cheng（2000）和Cheng and Mellish（2000）在研究自然语言生成系统时，借用了向心理论的某些思想来获得语篇的局部连贯。Cheng（2000）认为尽管在自然语言生成研究中，大多数研究者都采用管道模型（Reiter 1994；Reiter and Dale 1997），管道模型可以成功地把生成问题模块化，但忽视了不同模块之间的复杂互动关系。Cheng（2000）和Cheng and Mellish（2000）认为在自然语言生成过程中，不同的生成任务经常通过复杂的方式相互影响，所以如何消解任务内部和任务之间的复杂互动关系对于连贯语篇的生成来说比单纯模拟单个因素更加重要。Cheng等人重点研究了聚合（aggregation）和篇章设计之间的互动关系，试图发现哪些特征在这两个任务中具有优先性（preference）。Cheng（2000）认为篇章设计的任务是选择篇章将要表达的相关信息，然后组织成等级结构，此结构应该能够反映某种语篇优先性，比如优先选择宏观连贯还是局部连贯。宏观连贯是借用修辞结构理论（Mann and Thompson 1987）中的修辞结构关系来确定，局部连贯是借用向心理论（Grosz, Joshi and Weinstein 1995）中所界定的中心过渡来确定。

在篇章设计过程中，局部连贯通常是通过对已被选中的事实进行排序来完成的，根据向心理论，在排序过程中某些中心过渡（如中心延续）要优先于其他过渡方式（如中心转换）。在生成过程中，聚合可能会从优先中心移动的序列中拿掉某些事实作为嵌入或从属结构，从而对篇章设计产生影响。那么，如此一来，造成的结果就是在原始序列中的优先中心过渡可能被切断。比较一下对同一个项链的两种描述方式（例1和例2），我们会发现，例2不如例1连贯，因为例2的第一句话中的描述，先是项链，然后转换到了项链的设计者。这是因为嵌入句的存在，是嵌入句所带来的副作用（Cheng 2000）。

(1) This necklace is in the Arts and Crafts style. Arts and Crafts style jewels usually have an elaborate design. They tend to have floral motifs. For instance, this necklace has floral motifs. It was designed by Jessie King.

King once lived in Scotland.

(2) This necklace, <u>which was designed by Jessie King</u>, is in the Arts and Crafts style. Arts and Crafts style jewels usually have an elaborate design. They tend to have floral motifs. For instance, this necklace has floral motifs. King once lived in Scotland.

根据向心理论，语句中的中心通常为NP，嵌入结构为NP增加了非限制性的成分，这可能会影响Cb的实现（比如，可能会使Cb无法实现为代词）。正如Grosz等人（1995）所指出的那样，不同的实现方式（比如代词，或者确定性描述语）对于连贯性的影响不同，所以，嵌入结构可能会通过强迫NP采用不同的实现方式从而影响局部连贯。因此，在自然语言生成中，有必要平衡考虑局部连贯和文体偏好。

Cheng（2000）和Cheng and Mellish（2000）在研究局部连贯的偏好时，采纳了向心理论的规则2中的思想。他们基于Brennan等人（1987）关于过渡状态的主张，又做了进一步的延伸。他们认为还有一种中心运动方式值得关注，他们称之为"相关转换"（associate shifting）。相关转换是指中心从一个触发实体（trigger entity）过渡到与之紧密相关的另一个实体的过渡状态。这种过渡状态在描述文体中经常出现，先是从描写一个物体开始，然后转移到与这个物体相关的其他物体或这个物体的其他视角上，如果按照Brennan等人（1987）的界定，这也算是一种突变转换（abrupt shifting），但是只要这个物体与原始物体紧密相关，这种转换就是恰当的、合适的（Schank 1977）。这种现象在Grosz（1977）的系统中也被关注过，Grosz把一个物体的组成部分也纳入焦点空间（focus space），作为潜在焦点备用。

Cheng（2000）和Cheng and Mellish（2000）通过对博物馆描述的非正式观察表明"相关转换"在中心运动中的优先性仅次于中心延续。而且Cheng等人认为有两种相关转换，一种是触发器位于前一语句中，另一种是相邻两句中的两个实体共有一个相同的触发器。这两种情况无优先性的区别。

根据以上的观察，Cheng等人总结出的启示（heuristic）是：中心过渡状态的优先性转换为：Continuation > Associate shifting > Retaining >

Smooth shifting > Abrupt shifting（延续 > 相关转换 > 保持 > 流畅转换 > 突变转换）。基于此启示和其他启示，Cheng等人通过实验验证了优先性在两个生成系统（ILEX-TS[1]和Genetic Algorithm[2]）中的实施情况，得出的结论是在自然语言生成系统中对优先性的设定会对连贯语篇的生成产生显著性的影响。

11.3.2 句子设计

Mittal等人（1998）开发了一种图片说明自动生成系统，此系统中的句子设计是基于向心理论的相关理念而进行的。他们在系统架构中专门设计了一个向心模块（centering module）。在生成过程中，句子得到排序和聚合之后，所生成的语篇的连贯性可以通过对每个句子的论元选择恰当的排序而得到进一步的提高。为了达到这个目的，Mittal等人（1998）基于向心理论模型开发了一种选择策略。

Grosz等人（1995）认为一个合格的生成系统应该符合向心理论中的中心运动法则，通过提前设计可以把局部连贯语篇片断中转换的数量降到最低限度。Mittal等人（1998）采纳了他们的这一建议，通过选择句子内部的排序，执行与已知语篇结构一致的向心过渡状态。他们声称，他们提出的策略具有普遍的适用性，可以应用于所有的语篇结构，但对于图片说明的生成尤其有效。他们的策略是基于向心理论，同时对其中某些概念进行了修改而形成的。

图片说明中生成的NP通常都是表示所属关系的形式，并且具有复杂的句法结构（如the selling price of the house，the mark's horizontal position）。但是向心理论对于复杂句法结构，如所有格、从属从句中的中心的确定并不明确（Grosz and Sidner 1998）。为了兼容，Mittal等人（1998）提出两个假设：第一，对于所有格形式"图形单位或实体的特征"，图形单位或实体应该作为中心，而不是它们的特征；第二，当只有特征（如selling-price，right edge）被提及时，作为中心的也应该是相应

---

1 ILEX（Oberlander et al. 1998）是一个适应性超文本生成系统，可以为博物馆展品提供自然语言描述。Cheng and Mellish（2000）把修改过的语篇结构（Text Structure）（Meteer 1992）融入ILEX系统，他们把这个系统称之为ILEX-TS，即基于Text Structure的ILEX系统。

2 Genetic Algorithm这是特指Mellish et al.（1998）所描述的遗传算法。

的实体或图形单位。

Mittal等人（1998）的向心策略按顺序处理已经排序的言语行为（speech act），并假设描写图形单位的特征与实体的特征之间的映射关系的语段（text span）都是局部连贯的语篇片断。此策略遵守中心运动的限制，在每个语篇片断中，相对于中心保留和非流畅转换，分别优先选择中心延续和流畅转换。把片断（不论它是实体还是图形单位）中第一个句子的排序最靠前的下指中心Cf（U_i）作为同一片断中所有后续语句的优选中心Cp（U_i）。如此一来，所有语句中的Cb（U_i）和Cp（U_i）将会是相同的，根据向心理论规则2，这样就能保证语句之间的过渡状态是中心延续或者流畅转换。另外，Mittal等人（1998）的向心策略对于中心运动还有一个额外的限制：对于处理不同图形单位的片断，此策略会明确标记其界线，优先选择非流畅转换而不选流畅转换，优先选择保持过渡而不选延续过渡。这种情况没有被Grosz, et al.（1995）提及，然而，既然系统是通过降低非流畅转换和保持过渡的数量来保证片断内部的局部连贯性，那么，从直觉上来说，应该优先选择非流畅转换和保持过渡来重点突出片断之间的变化（即片断之间的界线应该最大化地不连贯）。基于此认识，Mittal等人（1998）主张在图片说明自动生成系统中，当描写图形单位（语篇片断）映射的语段后面跟着另一个不同图形单位映射的描写时，向心策略将会强调非流畅转换或保持过渡来标记片断界线。把界线后面第一个语句的Cb（U_i）从句首位置移开，即：如果图像单位是Cb（U_i）的话，领域实体将被放置到语句之前，反之亦然。

比如，看一下这个例子（Mittal, et al. 1998），

(3) a. This chart presents information about house sales from data-set TS-2480.

　　b. The y-axis shows the houses.

　　c. The house's selling price is shown by the left edge of the bar.

　　d. whereas the asking price is shown by the right edge.

　　e. The horizontal position of the mark shows the agency estimate.

（3c）和（3d）是同一个图形单位（一个水平线）特征的映射，它们被认为属于同一个语篇片断。所以系统会把所有格表述the house's asking price

放到句首，从而保证（3d）的Cp等同于（3c）的Cp。然而，（3d）和（3e）是不同图形单位特征的映射，系统把与Cb对应的所有格表达the house's agency estimate从句首位置移开，从而形成了保持过渡（与延续过渡对应）。句内排序通过向心策略确定之后，标注后的言语行为会被传输到回指表达模块。至此，向心策略完成其使命。

Mittal等人（1998）对于向心理论的使用还是比较有限的，他们的图片说明生成系统中的向心模型可以把句内的论元顺序进行调整，以期达到最佳的连贯效果，但句子先后顺序的排列没有影响。我们知道，有时句子的顺序对连贯性的影响也是很大的。

11.3.3 表层实现

向心理论也被有些研究者应用于自然语言生成过程中的表层实现。Karamanis（2001）基于向心理论，探索如何生成希腊语中的有生（animate）主语的一些基本形式。希腊语允许空主语（null subject）的存在，希腊语中的代词系统包含两大类代词：强式代词（指示代词）和弱式代词（附着词clitics）。空主语被认为是弱式代词系统的一部分（Di Eugenio 1990; Miltsakaki 1999），出现在主语位置上的强式代词通常被用来指代有生实体。

Karamanis（2001）沿用了Kibble and Power（2000）的思路，他认为Cb不应该作为语义输入的一部分直接给出。Cf序列和潜在的Cb和Cp都是在篇章规划的程序运行期间被计算出来的。Karamanis（2001）最后提出了一套希腊语有生主语的生成算法，引述如下：

> 为了生成语句U_n的局部连贯的有生主语S_n:
> • 如果$Cp（U_n）$与 $Cp（U_{n-1}）$指示同一个实体，选用最典型的空代词（null pronoun）作为S_n.
> • 否则，选用强势代词（strong pronoun），除非以下两种情况：
> 一、没有表现出任何差别，并且S_n的施事性/空特征（agentivity/Ø-feature）与U_{n-1}的主语S_{n-1}不相符，那么S_n应实现为空代词。
> 二、U_{n-1}的主语S_{n-1}实现为强势代词，并且与S_n具有相同的施事性/空特征，那么S_n应实现为完整的名词短语（full-NP）（比如，就像是非有生的或不在$Cf（U_{n-1}）$序列之中）。

11.3.4 回指生成

回指生成是自然语言生成中非常重要的一个步骤。自然连贯的篇章离不开回指的使用，何时使用代词，何时使用零形式，何时使用完整的名词短语，都有其限制条件。尽管相关的研究者围绕回指生成进行了大量的研究工作，但到目前为止，回指生成仍然是自然语言生成中的难点。

早期的回指生成研究（McDonald 1980；McKeown 1985）基本上使用最原始的方法，即如果当前句中包含前一句中提到过的相同的词，那么就使用代词来指代该词。然而，这样简单的规则常常会导致代词的过度生成（over-generation），从而引发严重的歧义。

鉴于向心理论对于回指规律的把握，近年来，有些研究者也尝试基于向心理论，探讨回指生成的问题（Kibble & Power 2000；Mitsuko et al. 2001；Roh & Lee 2003）。

Kibble and Power（2000）利用向心模型来规划连贯语篇，选择回指表达方式。他考察了选择何时使用代词的不同策略，提出最佳的策略应该是：只把延续过渡之后的Cb代词化。但是，他没有提供试验数据来证明此策略优于其他策略。

Mitsuko et al.（2001）采用向心模型来生成日语中的零形代词。日语动词的论元在能够从语境中被恢复出来的情况下可以自由省略。Mitsuko et al.（2001）提出延续过渡或流畅转换过渡中的所有Cb都应该被生成为零形代词。这意味着，在零形代词生成中，凸显性的影响大于连贯性的影响，但他们对其中的原因未做出充分说明。

Roh & Lee（2003）结合基于成本的向心模型（cost-based centering model）研究韩语（Korean）中零形代词的生成问题。韩语又叫韩国语或朝鲜语，是一种高度依赖语境的语言，不论哪个论元，只要能够从语境中被恢复，都可以自由省略。如果想生成韩语连贯语篇的话，多余的凸显名词应该为非零形代词或零形代词代替，否则的话，语篇会显得非常不自然。具体来讲，韩语中的冗余名词通常会被省略，而在英语中，同样的情况下，冗余名词由代词代替。Roh & Lee（2003）利用基于成本的向心模型提出了一套韩语零形代词的生成算法，这里，他们所谓的"基于成本的向心模型"是指由Strube & Hahn（1999）所修改的向心模型，即经典向心模型中的四种过渡类型被扩展为六种，并且根据推理的认知成本来界定过渡对之间的转换成本。

	$Cb(U_n)=Cb(U_{n-1})$ or undefined $Cb(U_{n-1})$	$Cb(U_n) \ != Cb(U_{n-1})$
$Cb(U_n)=Cp(U_n)$ and $Cb(U_n)=Cp(U_{n-1})$	Cheap-Continue[5] (CC)	Cheap-Smooth-Shift (CSS)
$Cb(U_n)=Cp(U_n)$ and $Cb(U_n) \ != Cp(U_{n-1})$	Expensive-Continue (EC)	Expensive-Smooth-Shift (ESS)
$Cb(U_n) \ != Cp(U_n)$	Retain (R)	Rough-Shift (RS)

Roh & Lee（2003）认为回指生成的基本概念就是名词越凸显，越多余，其代词化的程度就越高，直至被完全省略，即以所谓的零形式出现。那么，费力延续过渡中的Cb就没有省力延续过渡中的省略化高。也正因为这个原因，Roh & Lee（2003）才采用把推理成本考虑在内的修改过的向心过渡状态。故而，延续过渡之后的延续过渡的Cb比非流畅转换过渡之后的延续过渡的Cb更加凸显。基于以上的认识，Roh & Lee（2003）提出以下假设：

1）在书面文本中，尽可能少地生成零形代词。

2）不要把新信息代词化。

3）生成的零形代词不能引起歧义。

4）Cb（U_n）比Cf（U_n）有更高的省略化。

基于此假设，Roh & Lee（2003）提出了如下的零形代词生成算法：

1）当U_n的过渡状态为CC，U_{n-1}到U_n的过渡成本为"省力"，那么把Cb（U_n）实现为零形代词。

2）或者，当U_{n-1}的过渡状态为CC，U_n的过渡状态为R，U_{n+1}的过渡状态为CSS，即这三句话构成"话题-转换-顺序"模式，那么不能把Cp（U_n），Cb（U_n）和Cb（U_{n+1}）实现为零形代词。

3）又或者，当U_n的过渡状态为R或CSS，且U_{n-1}到U_n的过渡成本为"省力"，那么把Cb（U_n）实现为零形代词。

4）否则，不能把Cb（U_n）实现为零形代词。

为了客观评价此算法的有效性，Roh & Lee（2003）考察了真实文本中Cb的省略情况。他们收集了87篇文章，来自三个语类：新闻、故事和描述性文本。他们手工恢复省略的成分。通过试验数据的分析，他们得出的结论是他们提出的零形代词生成算法可以充分解释韩语中的零形代词现象，而且他们的方法可以避免持续过渡中零形代词的过度生成和其他过渡状态下不足的零形代词生成。

当然，Roh & Lee（2003）的研究还有一些不足，如，他们只考察了作为Cb的零形代词，但现实语言中还大量存在一些作为Cf的零形代词，当然这些情况比较复杂，即使向心理论自身也无法完全解释清楚，Roh & Lee（2003）没有把它们纳入研究对象的范围。另外，他们对生成算法的评估方法值得进一步探讨，他们只是用人工的方法，手工恢复省略成分，逆向分析零形代词的分布。然后，对比分析数据是否符合自己的理论假设。这种评估方法只能从侧面给出佐证，离真正的算法评估还有一些距离。算法的有效性还是需要放到真实的生成系统中去检测的。而且，他们测试语料的语类非常有限，只有三种，且主要以记叙文为主。事实上，零形代词在不同的文体中分布情况不同，如，记叙文中的零形代词会明显多于议论文。所以，如果只选一种文体的话，会有以偏概全的嫌疑。

11.3.5 整合应用

大部分的自然语言生成研究者只是借用了向心理论的某个观点，把向心理论的某个思路应用于自然语言生成流程中的某一个阶段。但Kibble（1999），Kibble and Power（1999），Kibble and Power（2000），Kibble and Power（2004）等人认识到向心理论应该有更强大的作用，在自然语言生成中应该有更广泛的应用。而且，他们的思路是采取整合的方法，分别提取向心理论中与自然语言生成有关的知识点，把向心理论综合运用于自然语言生成的各个阶段，如篇章规划、句子规划和指称表达生成。

Kibble（1999）从理论上论证了向心理论应用于自然语言生成的可能性。他认为，可以把向心理论中与规划和词汇选择有关的成分剥离出来，分别应用于自然语言生成的不同任务之中。他首先对向心理论本身进行了调整，他认为，对向心过渡状态，如延续、保持、转换的完全排序实际上是一种错误，因为它们的先后顺序只是一种偶发现象。他倡导应该根据衔接性[是否围绕同一个中心，Cb（U_n）=Cb（U_{n-1}）]和凸显性[是否把中心实现位主语Cb（U_n）=Cp（U_n）]的互动关系来对过渡状态进行部分排序。衔接性可以应用于篇章规划，凸显性可应用于句子规划，另外，因向心理论的规则1与代词化有关，它可以应用于句子规划中的指称表达生成。据此，Kibble（1999）勾画出向心理论在自然语言生成管道模型中的分工：

篇章规划

1. 内容确定
2. 语篇规划：为了达到指称连续性的最大化，把语篇片断内的语句U_i排序。对于每一个U_n：
    • 指定最多一个论元为Cb（U_n），且，此论元必须也是U_{n-1}的论元。（如果Cf（U_n）和Cf（U_{n-1}）的交集只有一个成员，那么此成员即为Cb）
    • 把语句节点分别以Cb（U_n），Cb（$_{n-1}$）和Cb（U_{n+1}）进行标注。

句子规划

1. 句子聚合
2. 词汇化：为U_n的动词选择恰当的形式，以便：
    a. 在Cf（U_n）和Cf（U_{n+1}）的交集中，Cb（U_{n+1}）在语法上是最凸显的
    b. 为了和1a一致，Cb（U_n）应该在最凸显的可用位置上实现。
3. 指称表达生成：可行性假设
    Cb（U_n）应该被代词化，如果
    • Cb（U_n）=Cb（U_{n-1}）
    • Cb（U_n）=Cp（U_{n-1}）

Kibble（1999）的研究理论性较强，离实际应用的生成系统还有一些距离。而且他也没有评估此理论模型的有效性。

之后，Kibble及其合作者对于向心理论在自然语言生成中的应用做了进一步的探索，取得了显著的成果。Kibble and Power（1999）探索应用向心理论来规划连贯语篇。Kibble and Power（2000）探讨语篇规划和代词化的整合方法。最后，Kibble and Power（2004）基于他们先前的研究成果，又做了深入整合和推进，此文发表在计算语言学领域世界级的核心刊物《计算语言学》上，是向心理论在自然语言生成中整合应用的代表之作。

Kibble and Power（2004）描述了一个已实现了的文档生成系统，名为ICONOCLAST，此系统允许用户通过一个基于知识的互动编辑器指定内容和修辞结构，使用户对生成文本的文体和布局特征进行精细控制。向心理论的原则被转换成一些软性限制（soft constraint[1]），通过衡量向心优先性，可以提高生成文本的流畅性和可读性。

Kibble and Power（2004）对经典向心理论的规则2进行了修订，除了衔接性和凸显性以外，他们又纳入了其他的考量因素：连续性（continuity）和省力性（cheapness）。根据连续性原则，每个语句应该与前一语句有至少一个相同的照应语（referent），这实际上也是对向心理论限制1的重述。如果对衔接性和凸显性赋值为1，连续性赋值为2的话，可以得到过渡状态的部分排序：

0：延续过渡 > 1：{保持过渡 | 流畅转换过渡} > 2：{非流畅转换过渡 | 无CB}

省力性原则是借用了Strube and Hahn（1999）的主张，作为额外的一个限制条件。这四个限制条件形式界定为：

衔接性：$Cb(U_{n-1}) = Cb(U_n)$
凸显性：$Cp(U_n) = Cb(U_n)$
省力性：$Cp(U_{n-1}) = Cb(U_n)$
连续性：$Cfs(U_{n-1}) \cap Cfs(U_n) \neq \emptyset$

另外Kibble and Power（2004）还借用了Mann and Thompson（1987）的修辞结构理论（Rhetorical Structure Theory）中关于修辞结构的思想，如下图所示：

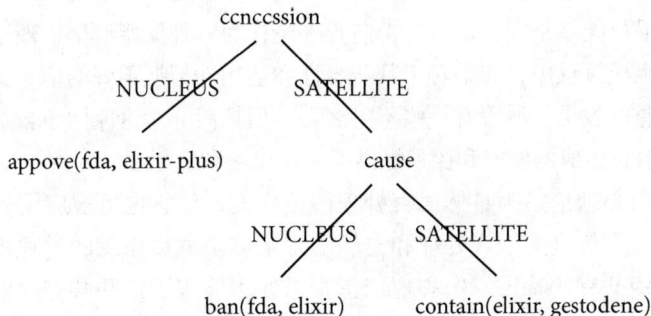

1　"Soft constraint" 意为此限制可以违反，如果遵守的话，会取得更佳效果。

其中，非终端节点代表修辞结构关系，如"concession"（让步）和"cause"（因果），终端节点代表的是命题，线性顺序还是未知的。ICONOCLAST系统里的篇章规划器的任务就是把修辞结构实现为篇章结构，在此过程中命题会被排序，被分配到不同的篇章单元里（如，句子、段落、垂直罗列等），而且还会在恰当的地方由语篇连词（如since，however）联结起来。Kibble and Power（2004）总结出的语篇生成的步骤如下：

1）列出所有可能被接受的、能够实现修辞结构的篇章结构

2）对于每一个篇章结构，列出每个命题中的Cb和Cp的所有被允许的选择

3）根据参照连贯性，评价所有解决方案，选择最佳方案

11.4 简评与启示

自然语言生成研究者对于向心理论在此领域的应用进行了有益的探索，也取得了一定的成效。向心理论可单独应用于自然语言生成过程中的篇章规划、句子规划、表层实现、指称表达生成等不同阶段，也可以通过整合的方法，同时综合运用于自然语言生成的各个阶段。向心理论可以改善生成语篇的连贯性和可读性，使生成语篇更接近于自然语篇。

但实际的应用效果也受到向心理论自身的局限性的影响。向心理论是作为一种局部语篇处理的模型被提出来的，但其中有些概念界定模糊，以至于产生了多个版本。所以，在语篇生成过程中采用的向心理论的版本不同，其效果可能差别很大。另外，向心理论作为一种模型框架，理论性较强，语篇生成过程中，如果对于其兼容性和适用性把握不好的话，也不容易达到理想的效果。尽管有一些不足之处，但把向心理论应用于自然语言生成中为语言生成的研究和探索提供了一种思路和途径。

尽管向心理论是为自然语言处理而提出的，但它也可被应用于自然语言生成。虽然自然语言处理和自然语言生成是截然相反的过程，但它们也有一些共有的特质。向心理论正是抓住和体现了这些共有的东西，才使得它能够同时为两者服务。这样的共有特质主要有以下几个方面：

首先，向心理论是关于语篇局部连贯的理论，它体现了语篇连贯的

倾向性和理想状态。而这样的理想状态无论是自然语言处理还是自然语言生成都可以把它作为衡量语篇的标准。

其次，向心理论反映了人们的认知特点和规律，比如，处于焦点空间的中心，其语言表现形式应该是简约的，故应该体现为代词或零形式。这样的认知规律具有普遍性，自然语言处理和自然语言生成都可以把它作为一种参照。

自然语言生成研究者能够突破思维的藩篱，反其道而行之的探索精神是非常难能可贵的，这正是科学进步和发展所必需的，这一点非常值得我们学习。

第十二章　向心理论与作文自动评分系统

向心理论是关于语篇连贯的理论模型，它可以对语篇的连贯性提供理性，甚至是量化的分析。向心理论对于语句过渡状态的规则，可以为语篇连贯性的评估提供精确的依据。向心理论的这一优势可以应用于作文自动评分系统的研制，为这类系统的改进和提高，提供了可能性。本章将重点介绍如何把向心理论应用于作文自动评分系统。首先，简介作文自动评分系统的基本情况，包括基本理论、国内外的发展现状、有代表性的应用系统；然后重点介绍向心理论与作文自动评分系统的结合，包括连贯性量化测量的可能性和作文连贯性评估的不同策略；最后是评论和总结。

12.1 作文自动评分系统

作文是大规模语言考试（如TOEFL、GRE、IELTS等）中的一种必备题型。通过作文可以检测应试者综合运用语言的能力。然而，大规模作文阅卷面临两大难题：其一，阅卷需要耗费大量人力、物力等资源；其二，评判作文质量具有很强的主观性，阅卷的信度（reliability）和效度（validity）不强（Johnson et al, 1991）。近几十年来，随着计算机硬件和软件性能快速提高，自然语言处理等技术获得了长足的发展，国外一批作文自动评分系统相继问世，这两个长期困扰大规模作文阅卷的难题有望得到解决（梁茂成，文秋芳 2007）。

作文自动评分（Automated Essay Scoring，简称为AES）就是利用计算机技术对作文进行评估与记分（Shermis & Burstein 2003）。这是一种全新的作文评分方式，这种方法不仅能够提高评分效率，而且对于控制评分误差有重要意义。目前国内外已经有很多作文自动评分系统研究，有些已经成功地运用到了实际考试中（杨晨，曹亦薇 2012）。

12.1.1 国外的现状

从20世纪60年代起，研究者们开始进行作文自动评分的研究探索。目前国外已经成功地研究开发出了许多作文自动评分系统，例如PEG、E-rater、BETSY、IEA、IntelliMetric、Jess等。其中一部分系统已经在实际考试中得到了大规模的应用，取得了很好的效果（冯鑫，冯卉 2002）。

12.1.1.1 PEG系统（ Page and Peterson, 1995 ）

PEG系统的全称是Project Essay Grade。它是最早的、存在时间最长的自动作文评分系统，是Ellis Page于1966年应美国大学委员会的请求而研发的，其目的就是为了使大规模作文评分更加实际而高效。该系统利用文本的浅层语言学特征进行分析、打分。PEG使用的文本特征包括作文长度、介词数量、关系代词数量、词长变化等。PEG用文章长度预测其流利程度；用不同词性的数目预测句子结构的复杂度；用词长变化预测作者的词汇量（因为非常用词往往更长）。通过训练文本获得语言学特征和文本间的相关系数，从而可以通过回归计算进行文章的自动评分。PEG假定文本的质量可以通过几个可测量的语言学特征反映出来，依靠统计模型进行自动评分。它没有使用自然语言处理技术，也没有考虑词汇的语义，需要大量的人工评分的文本作为训练语料。在上世纪90年代，PEG在很多方面得到改进，整合了多种分析器、词典及各种资源，PEG最新实验结果与人工评分在多元回归相关性上达到了0.87（李斌 2009）。

12.1.1.2 IEA系统

IEA系统的全称是Intelligent Essay Assessor。IEA是在1997年由美国科罗拉多大学开发。与前面的AES系统不同的是它主要强调对作文的内容进行评估。它采用了心理学家Thomas Landauer所提出的潜势语义分析（LSA，Latent Semantic Analysis）的语义文本分析法对作文分析和判分。IEA被定义为"允许对片断文本信息之间的语义相似性比较的词汇使用的统计模型"，这个模型被形象地表述为"单词1的意义+单词2的意义+……+单词k的意义=段落的意义"。它把一篇作文看成是由词汇构成的向量,多篇文章的向量构成一个矩阵,然后采用奇异值分解降低维度的办法,归纳单词间的语义相似性。不仅如此,即使是词汇重叠,IEA也能够捕捉词汇的及物关系和搭配效果,从而能准确地判断这两个文档的语义关联。IEA不仅注重从语义和内容对作文评分,而且还致力于抽取出更丰富的写作特点,如"内容"、"风格"和"技巧"等,以便给师生有用的反馈。在操作层面上,设计者宣称:别的AES技术需要300-500篇样本,而IEA只需要100篇样本。其主要缺点是:不分析作文的语言质量和对篇章结构不作分析(谢贤春 2010)。根据Landauer et a.l(2000)的报告,该系统所评出的作文得分与人工评分之间的相关性达到r = 0. 85。

12.1.1.3 e-rater系统

E-rater是由美国教育考试处(Educational Testing Service,简称ETS)于20世纪90年代开发的,其目的是评估GMAT考试中的作文质量(Burstein et. al, 1998a; 1998b; 1998c)。据Burstein et al.(2001)、Cohen et al.(2003)和Valenti et al.(2003)的描述,E-rater自1999年以来已经进入操作阶段,至2003年,共评定作文750,000篇。E-rater的开发者们声称,他们的作文评分系统利用了多种技术,其中包括统计技术、矢量空间模型技术和自然语言处理技术(Valenti et al. 2003)。凭借这些技术,E-rater不光能够像PEG那样评判作文的语言质量,还能够像IEA那样评判作文的内容质量。除此之外,E-rater还对作文的篇章结构进行分析。与PEG相类似,E-rater的评分方法基于线性回归模型(Powers et al. 2000)。E-rater围绕三个主要方面对作文的质量进行分析和评判,Burstein等人把这三个方面称为模块。E-rater的第一个模块为话语(discourse)结构(亦即篇章结构)分析模块,主要靠在文本中搜索"In summary"、"In conclusion"等提示词(cue words)的方法得以实现(Burstein et al., 1998b)。E-rater的第二个模块为句法多样性(syntactic variety)分析模块,根据作文中句子结构的多样性来评判作文的质量。显然,该模块的目的是分析作文的语言质量。E-rater的第三个模块为内容(content)分析模块。在这一模块中,E-rater通过矢量空间模型,观察作文中是否包含了足够的与作文题目高度相关的主题词。

E-rater在自动评分过程中力求兼顾作文的内容和语言形式，是一种混合的自动评分系统。根据Burstein et al.（2001）和Valenti et al.（2003）的研究报告，E-rater与人工评分之间的一致性（agreement）一直高于97%（梁茂成，文秋芳2007）。

12.1.1.4 IntelliMetric系统

IntelliMetric由Vantage Learning公司于本世纪初开发，它率先采用人工智能（AI，Artificial Intelligence），同时也运用了自然语言处理（NLP，Natural Language Processing）和统计技术。IntelliMetric是一种内化专家评卷员"智慧池"的学习引擎。作为先进的人工智能应用的评分系统，IntelliMetric依靠了Vantage Learning公司的CogniSearch和Quantum Reasoning技术。CogniSearch是专为IntelliMetric开发的支持作文评分理解自然语言的一个系统。它从语法角度分析文本，即分析词性和相互的句法关系，这一过程有助于IntelliMetric按照标准的书面英语的主要特点来给作文评分。二者协同允许IntelliMetric转化提交作文之特定特征相关的每一个得分点，并用于系统自动评分。

由于使用了AI和NLP技术，IntelliMetric评估了作文中与语义、句法、篇章相关的300多项特征。这些特征被一个称为潜伏语义维度（LSD，Latent Semantic Dimensions）所鉴别。LSD包括五个维度：（1）单位/衔接与一致；（2）组织；（3）展开与加工；（4）句子结构；（5）机制与惯例。

IntelliMetric"模拟人类大脑获取、存储和使用信息的方式"，据称其评分能够跟专家评卷员评分一样准确。研究表明，机改结果与评卷员的一致率达到了97%至99%。另外，IntelliMetric能够评阅多种语言的作文，如英语、西班牙语、以色列语和印度尼西亚语，对荷兰语、法语、葡萄牙语、德语、意大利语、阿拉伯语以及日语等多种语言文本的评价现在也能够做到了（谢贤春2010）。

12.1.2 国内的动态

国内对自动作文评分研究稍稍滞后，最早涉足自动作文评分领域的是梁茂成（2005），他的方法取得了较高的评分准确率，与人工评分相关系数最高达0.837。但由于作文样本来源范围较窄，数量较少，并且提取的特征主要是文本浅层特征，未能够涉及文章的深层结构，所得结果尚有待于进一步验证与加强。

国内另一位研究自动作文评分的是李亚男（2006），该研究是以少数民族汉语水平考试三级作文为研究样本。研究以多元线性回归为研究方法，以45个可量化的评分要素作为自变量，以阅卷员给出的作文分数作为因变量，利用逐步回归和强迫输入回归两种提取变量的方法，进行多元线性回归分析，并在样本内部两个随机组之间进行交叉验证。采用其中最好的方程对作文评分，与人工分数的相关度达到了0.572。

此外，从事作文自动评分研究的还有，文秋芳教授主持的基于学习者语料库的英语作文训练评估系统项目、荀恩东博士主持的非母语写作水平计算机自动评测技术研究项目。还有南京大学高思丹等对主观试题的计算机自动批改技术做了综述，湘潭大学李辉阳等提出了带权匹配技术进行简单论述的正误判定等（转引自李斌 2009）。

我国的作文自动评分技术近年来也取得了一定进步。由于开发成本等原因，我国对AES技术的研发工作尽管倾注了很多心血，但其研究和开发速度仍然缓慢。谢贤春（2010）介绍了目前国内AES技术的发展情况，重点介绍了中国外语教育研究中心梁茂成等开发的"大规模考试英语作文自动评分系统"，外研社新视野大学英语在线学习作文自动评分以及浙江大学外语学院与杭州增慧网络科技有限公司联合开发出一款"冰果英语智能作文评阅系统"。这些系统都是有益的尝试，但其实用性都值得怀疑，所以到目前为止，我国还没有把作文自动评分系统应用于大规模考试。谢贤春（2010）认为目前国内AES工具的研究和开发尚处于起步阶段，针对中国学生英语作文的AES系统尚不完善，要大面积运用，存在可行性的疑问。再者，外语教师对电脑程序无从下手，无法亲自研发作文自动评分系统，而电脑程序员对英语作文写作和评判不甚了解，这也阻碍了中国外语教学中AES工具的开发。

12.1.3 简评

自动作文评分有以下几个优点：1）实用性：可以提高工作效率。2）一致性：作文评分本质上存在着主观性，人工评分的一致性就会因此而受到一定的影响。3）反馈：给学生反馈是非常重要的，这种评分系统能够为作者提供具有针对性的修改建议。多项研究证明，在写作评测方面，自动评分系统的准确性与可靠性，以及与人工评分的一致性方面都非常高。当然，计算机评分也有很多缺点。Page强调，计算机并不能像人一样评判一篇作文，因为计算机只是"编程让它做什么"它就做什么，而并不能像人一样去"欣赏"一篇文章。另外一种批评是构造方面的缺陷。也就是说，计算机所计算的变量并不一定是作文评分中"真正"重要的方面，比如，关注文章的形式方面而不是组织方面（葛诗利2010）。

12.2 向心理论与作文连贯性评估

语篇连贯性是一个层级概念，即使是连贯的语篇，也有连贯性的强弱之分。从这个意义上说，语篇连贯性是一个非常模糊的概念，如果我们对任何语篇的连贯性都能够给出量化的测量，那么语篇分析和语篇处理（discourse processing）将会变得更加清楚明了，更加容易操作。

12.2.1 连贯性量化测量的可能性[1]

向心理论为语篇定义了一系列的过渡状态（Brennan，Friedman and Pollard 1987；Grosz，Joshi，and Weinstein 1995）。根据过渡状态的排序原则[2]，我们可以做出如下理解：一个语篇中，延续过渡越多，语篇就越连贯；反之，语篇中转换过渡越多，语篇的连贯性就越弱。如果我们能够计算出不同过渡状态的数量，我们就可以得到语篇的连贯度得分。

一个语篇片段连贯度得分[3]的计算过程如下：首先给基本的过渡状态一个基本得分，即赋予每个过渡状态一个权重（weight），如表1所示：

---

1 本节内容曾作为论文单独发表（王德亮 2009b）

2 即：延续过渡 > 保持过渡 > 流畅转换过渡 > 非流畅转换过渡

3 亦可参见Cristea，Ide & Romary（1998）关于平滑度得分（smoothness score）的提法。

表1：过渡状态连贯度得分表

过渡状态	权重（Weight）
延续过渡（continue）	4
保持过渡（retain）	3
流畅转换过渡（smooth-shift）	2
非流畅转换过渡（rough-shift）	1
无过渡（no transition）	0

然后把整个片段中每个过渡的权重求和，其和再除以过渡的数量，这样就可以得出这个语篇片段的连贯度。可以形式化表示为：

对于由语句U_1……U_m组成的语篇片段D，其连贯度Coherence的计算公式为：

$$Coherence = \frac{\sum_{i=1}^{m-1} W_{\text{Transition } U_i\text{-}U_{i+1}}}{m-1}$$

通过连贯度的取值，我们可以量化出一个语篇片段的连贯程度。连贯度是一个指数，它的取值范围应该在0至4的区间上，即如果连贯度等于4，它表示语篇达到了最佳的连贯状态；而如果它等于0，表示语篇最不连贯，可以说，语篇无任何连贯性。如下例：

（1）*小张每天5点半起床，红色的封面最好看。

这两个小句之间无任何连贯性，听起来前言不搭后语。如果按照向心理论的术语来分析，前后两句的Cb和Cp之前没有任何关联，所以它们之间无过渡状态，权重为0，连贯度为0。

把语篇的连贯性量化之后，我们可以精确计算出连贯性的微妙差异。这样可以帮助我们解释在连贯性上存在微妙差异的语篇，因为有些语篇连贯性差异很小，仅凭语感，很难说清，而且语感因人而异，有主观性，有时不可靠。下面我们来看一组汉语的例子：

（2）我家花园里有棵树，这种树叶子很小，呈卵圆形，冬天也不凋落。

（3）我家花园里有棵树，这种树叶子很小，根系发达，主要生长在南方。

下面，我们可以标记出例（2）和例（3）的向心结构，为了方便理解，同时标记出回指关系（anaphoric relation）。

（2）a. 我家花园里有棵树ᵢ，

Cb= [?]；Cf= {家，花园，树}；过渡状态=NO CB

b. 这种树ᵢ叶子ⱼ很小，

Cb= [树]；Cf= {树，叶子}；过渡状态=延续

c. φⱼ呈卵圆形，

Cb= [叶子]；Cf= {叶子，卵圆形}；过渡状态=流畅转换

d. φⱼ冬天也不凋落。

Cb= [叶子]；Cf= {叶子，冬天}；过渡状态=延续

（3）a. 我家花园里有棵树ᵢ，

Cb= [?]；Cf= {家,花园，树}；过渡状态=NO CB

b. 这种树ᵢ叶子ⱼ很小，

Cb= [树]；Cf= {树，叶子}；过渡状态=延续

c. φᵢ根系发达，

Cb= [树]；Cf= {树,根系}；过渡状态=延续

d. φᵢ主要生长在南方。

Cb= [树]；Cf= {树,南方}；过渡状态=延续

根据连贯度计算公式，我们可以得出，例（2）的连贯度取值为3.33，而例（3）的连贯度取值为4，例（3）比例（2）更加连贯。但是，两个语篇片断的连贯度很接近，如果不用量化测量的话，仅凭语感，很难讲清其连贯性的差异。从这一点上，我们可以看出量化测量的优势。

12.2.2 作文连贯性评估的不同策略

向心理论的研究者都认识到向心理论可以被用于对作文连贯性的量

化测量。但是，具体如何来做，研究者之间有分歧。相关的研究者尝试了不同的评估策略，现在，我们将介绍这方面有代表性的研究。

12.2.2.1 基于经典过渡状态的评估

连贯性的评估是基于向心理论的过渡状态来进行的，尽管，关于过渡状态有多个版本，不同的研究者有不同的提法和分类，但是最容易让人想到的是经典向心理论的经典过渡状态，即，Walker, Joshi and Prince（1998）根据 $Cb(U_i)$ 是否等于 $Cb(U_{i-1})$，以及 $Cb(U_i)$ 是否等于 $Cp(U_i)$，划分出四种过渡状态：

	$Cb(U_i) = Cb(U_{i-1})$, or $Cb(U_{i-1}) = [?]$	$Cb(U_i) \neq Cb(U_{i-1})$
$Cb(U_i) = Cp(U_i)$	Continue	Smooth-shift
$Cb(U_i) \neq Cp(U_i)$	Retain	Rough-shift

为了验证基于经典过渡状态评估作文连贯性的可行性和有效性，高凌云（2012）进行了一项实证研究。她从中国学习者语料库以及北京某大学英语作文课上收集了160篇大学生的英语作文作为测试语料，一方面，根据向心理论的过渡状态对作文的连贯性进行评分，另一方面，邀请三位有经验的英语教师对作文的连贯性进行评分。然后比较两种评分是否有显著性差异。最后得出的结果如下：

Correlations

		Assessors' scores	CT-based scores
Assessors' scores	Pearson correlation	1	.775**
	Sig. (2-tailed)		.000
	N	80	80
CT-based scores	Pearson correlation	.775**	1
	Sig. (2-tailed)	.000	
	N	80	80
**. Correlation is significant at the .01 level (2-tailed).			

从上表中可以看出，人工评分和基于向心理论的评分之间的相关系数r=.775，远远大于.01，两者没有显著性差异，即基于向心理论的评分与人工评分基本一致，具有可靠性。

另外，高凌云（2012）的研究还发现向心理论的四种过渡状态中，"保持"和"流畅转换"对作文的连贯性影响较弱，"延续"和"非流畅转换"与作文的连贯性关系密切，"延续"增强了语篇连贯性而"非流畅转换"则削弱了连贯性。高凌云（2012）还对语料进行了体裁分类对比分析，她发现基于向心理论的连贯性测量对记叙文和议论文信度最高，而对描写文和说明文的信度稍低。对于不同体裁的作文，"延续"与阅卷人员的评分呈现正向显著相关，而"非流畅转换"与他们的评分呈现负向显著相关。在议论文中，"保持"与人工评分呈现出正向显著相关，而在其他三种文体中，"保持"与人工评分无显著相关。无论是否区分文体，"流畅转换"与人工评分均无显著相关。

12.2.2.2 基于非流畅转换的评估

Miltsakaki and Kukich（2004）重点关注了向心理论中的非流畅转换（Rough-Shift transition）。非流畅转换是向心理论经典模型四种过渡状态中的一种，它是最不被人关注的一种过渡状态，关于它的专门研究非常少。Miltsakaki and Kukich（2004）的研究目的是检验一下以非流畅转换状态的相对比例为衡量标准的语篇连贯性能否作为计算机作文自动评分系统的准确指数。

首先，Miltsakaki and Kukich（2004）规定，他们的分析单位是段落，即每个段落是一个语篇片断，段落的分界线即为片断的边界。如此一来，他们避免了计算跨片断的连贯性，只需计算每个段落的连贯得分，把所有段落的连贯得分求和，就可以得到整篇文章的连贯性得分。他们把"语句"界定为"一个主句及其相关依存从句的单位"，他们同意Kameyama（1998）的观点，非时态从句（non-tensed clause）应该隶属于它们所依存的从句。他们之所以如此界定，是因为他们意识到在早期的向心理论文献中，"语句"的界定并不明确，大部分研究者把语句界定为单一的、有时态的小句。然而，Miltsakaki（2002）认为，为了语篇的组织以及篇章连贯性，从属小句不应该被处理为独立的加工单元，如果把从属小句处理为独立单元的话，会产生与直觉相反的主题转换。参看下例：

(4) a. John had a terrible headache.

　　Cb= ?, Cf= John>headache, Transition=none

b. When the meeting was over,

　　Cb=none, Cf= meeting, Transition=Rough-Shift

c. he rushed to the pharmacy store.

　　Cb=none, Cf=John, Transition=Rough-Shift

这个小的语篇片断是一个主-从-主的序列，如上所示，如果把从属小句，如b句，当成是独立的更新单元的话，就会产生两个非流畅转换，表明这个片断是一个非常不连续的语篇。并且，如果在这个片断中真的存在两个非流畅转换的话，那么第三句中的代词"he"的使用就会令人费解。但事实上，把这个片断标记为两个非流畅转换的序列，这是与我们的直觉相抵触的，也是出乎预料的。我们的直觉是c句中的"he"是指a句中的"John"，这里并没有转换话题，b句的加入只是对c句进行修饰和铺垫。所以，如果我们把b句和c句合并，即把从属从句作为主句的一部分来进行处理，但是允许主句中的实体排序高于从句中的实体，我们就可以得到与我们的直觉相符的处理结果：这个片断是围绕着一个主题进行的，并没有进行转化，所以各句之间是流畅过渡，如下所示：

(5) a. John had a terrible headache.

　　Cb=?, Cf=John>headache, Transition=none

b. When the meeting was over, he rushed to the pharmacy store.

　　Cb=John, Cf=John>pharmacy store>meeting, Transition=Continue

Miltsakaki and Kukich（2004）还对Cf排序进行了修改。向心理论经典模型中的Cf排序为：SUBJ>IND. OBJ>OBJ>OTHERS。首先，他们同意其他研究者（包括Di Eugenio 1998；Turan 1995；Kameyama 1985）对Cf排序的修改，即把经典排序进一步细化，把量化的非限定性主语（quantified indefinite subject，缩写为QIS，如people，everyone等等）和非人称代词（impersonal pronominal，如we，you，标记为PRO-ARB）也考

虑进来了，Cf排序规则可修改为：

SUBJ>IND. OBJ>OBJ>OTHERS>QIS, PRO-ARB.

Miltsakaki and Kukich（2004）又做了进一步的努力，他们把主句和从句的区别考虑进来，从而把Cf排序规则修改为：

M-Subject>M-indirect object>M-direct object>M-other>M-QIS, Pro-ARB>S1-subject >S1-indirect object>S1-direct object>S1-other>S1-QIS, Pro-ARB>S2-subject>. . .

在此规则中，M代表主句，S_n表示是第n个从属小句。

向心模型的代词规则和转换状态规则是基于最连贯的语篇之上提出来的，事实上，这只是一个假设。现实情况比这复杂得多，但是在理想的假设的情况下，即最连贯的语篇中，非流畅转换是非常少见的，所以它的地位在经典向心模型中是不明确的，被忽视的。Miltsakaki and Kukich（2004）认为非流畅转换恰恰可以反映出语篇的不连贯性（incoherence），他们的试验表明，非流畅转换可以作为衡量学生作文的一个参数。他们选取了100篇GMAT作文，分别用人工评分，E-rater打分和非流畅转换状态的比例对每篇作文进行处理，得出如下数据：

HUM	E-R	ROUGH
6	5.25	22.7
5	4.8	24.95
4	3,6	43.25
3	3	43.25
3	3	54.37
2	2.33	55.44
1	1.6	55.40

为了测试非流畅转换能否作为一个参数，嵌入e-rater系统，从而提高e-rater的有效性，Miltsakaki and Kukich（2004）对非流畅转换得分和人工评分做了回归分析（X-ROUGH，Y-HUM），结果表明两者之间存在一种负系数关系（negative coefficient）。通过对100篇作文的非流畅转换状态T-test计算发现，p值非常显著（$p < 0.0013$），此结果表明，把非流畅转换

作为变量嵌入e-rater模型，可以提高此模型的准确性。接下来，Miltsakaki and Kukich（2004）比较了原始e-rater模型与嵌入非流畅转换变量后的新e-rater模型的有效性，得出如下数据：

HUM	E-R	ROUGH
6	5.29	5.36
5	4.89	4.98
4	3.78	3.75
3	3.24	3.12
2	2.63	2.59
1	1.97	2.03

通过比较E（PRED）和E+R（PRED）这两栏，我们可以发现非流畅转换变量的加入，可以使e-rater得分更接近人工评分。

Miltsakaki and Kukich（2004）的研究表明，对向心理论评估中的非流畅转换的相对比例的衡量，可以有效提高作文自动评分系统的准确性。

12.2.2.3 其他策略

在作文连贯评估过程中，过渡状态是最核心、最重要的参数。过渡状态是连贯评价的根据和标准，过渡状态模式的不同，决定了连贯评估策略的不同。然而，相关的向心理论研究者对于过渡状态的界定和分类还存在分歧。洪明（2009）做了一项特殊工作，她专门比较了三种比较出名的局部连贯分析模式用于作文连贯评价的效果。这三种模式是：主流四分法、Poesio et al.（2004）的七分法、Kibble（2001）的四项原则分析法。洪明（2009）以中国高校英语专业学生参加全国英语专业四、八级考试的作文为语料，对向心理论的三种局部连贯分析模式进行了实证研究。

主流四分法对语句过渡方式进行了分类和排序，如下所示：

	$Cb(U_i) = Cb(U_{i-1})$ 或 $Cb(U_{i-1}) = [?]$	$Cb(U_i) \neq Cb(U_{i-1})$
$Cb(U_i) = Cp(U_i)$	延续过渡	流畅转换
$Cb(U_i) \neq Cp(U_i)$	保持过渡	非流畅转换

主流四分法代表了主流观点，得到普遍接受和应用。这些过渡方式的排序实际上可以预测某些序列的语句会增加读者/听者的推理负荷，从而判断不同序列语句不同的连贯性。因此可以根据语篇片段中各种语句过渡方式使用的比例来判断局部连贯程度的高低（Miltsakaki and Kukich 2000；Miltsakaki 2003；Hasler 2004，转引自洪明2009）。

洪明（2009）的数据分析表明：主流四分法的非流畅转换与作文成绩的相关性最大，与八级作文的成绩尤其相关，说明语篇局部连贯性差会影响语篇质量，同时也体现出非流畅转换对于二语作文的评价作用，对八级作文的评价作用更明显。中国教师和外国教师在评分中对此关注的程度差异不大。但是该指标的评价作用与其他两种模式中的连贯指标相比，有效性如何还有待下一步的对比和分析。第二，保持过渡与八级作文成绩的极其显著正相关也表明，随着学生的语言水平的提高，局部连贯方式的复杂性也应当成为作文质量的一个参考因素。

Poesio et al.（2004）指出，各种分类方法仍然没有明确另外两种情况，一为零过渡，与中心确立恰好相反，指从带有回指中心的语句过渡到没有回指中心的语句的过渡方式，即$Cb（U_{i-1}）\neq0$而$Cb（U_i）=0$；二为无过渡，指从没有回指中心的语句过渡到另一个没有回指中心的语句的过渡方式，即$Cb（U_{i-1}）=0$且$Cb（U_i）=0$因此，Poesio et al.（2004）将语句过渡方式分为以下七种：

延续过渡：$Cb（U_i）=Cb（U_{i-1}）$，且$Cb（U_i）=Cp（U_i）$；

保持过渡：$Cb（U_i）=Cb（U_{ii-1}）$，且$Cb（U_i）\neq Cp（U_i）$；或$Cb（U_{i-1}）=0$且$Cb（U_i）\neq Cp（U_i）$；

流畅转换：$Cb（U_i）\neq Cb（U_{i-1}）$，且$Cb（U_i）=Cp（U_i）$；

非流畅转换：$Cb（U_i）\neq Cb（U_{i-1}）$，且$Cb（U_i）\neq Cp（U_i）$；

中心确立：$Cb（U_i）=Cp（U_i）$，且$Cb（U_{i-1}）=0$；

无过渡：$Cb（U_{i-1}）=0$，且$Cb（U_i）=0$；

零过渡：$Cb（U_{i-1}）\neq0$，且$Cb（U_i）=0$

Poesio et al.（2004）以博物馆描述展品和介绍展品制作者的语篇以及药品说明为语料，根据七种过渡方式的分类，对共计1007个语句进行标注分析。结果发现，主流四分法定义的过渡方式只占总数的16.7%，而出现最多的是无过渡，占47.9%，其次为中心过渡，占18.8%，零过渡占16.7%。并且在这些语料中转换过渡（包括流畅转换和非流畅转换）多于保持过渡。这表明主流四分法用于分析语篇连贯性的适用性很低（洪明2009）。

洪明（2009）经过对七分法和语篇质量的相关分析，得到以下结论：七分法对语篇中语句的过渡方式分类细致、准确，能够让我们准确地识别在语篇中语句注意状态的改变状况，找到造成语篇连贯性发生改变的根本原因。比如，NULL的定义和与成绩的相关性为我们更准确地理解ROUGH4影响语篇质量的一个重要原因，同样CONT7也可以让我们更准确地理解何种延续过渡能够加强语篇的连贯性，在一定程度上提高作文质量。但是，由于这七种过渡方式的分布比例比较均匀，虽然NULL、RET、CONT7等指标与作文评分呈现出极其显著或显著的正/负相关性，但没有评价优势明显的连贯指标。因此在运用七分法进行连贯评价时需要考虑的指标应包括以上三个指标。这种评价方法对于二语写作教学来说，更为准确、客观，有利于师生同时关注语篇中的局部连贯性与连贯手段的多样性和复杂性，从而避免单一的过渡方式。

Kibble（2001）提出如下四项原则取代规则2：

延续性（continuity）：优先过渡方式为 $Cf(U_i) \cap Cf(U_{i-1}) \neq ?$

显著性（salience）：优先过渡方式为 $Cb(U_i) = Cp(U_i)$

低价性（cheapness）：优先过渡方式为 $Cb(U_i) = Cp(U_{i-1})$

衔接性（cohesion）：优先过渡方式为 $Cb(U_i) = Cb(U_{i-1})$

Kibble提出的四项原则实际上是将主流四分法分解成两个基本原则，即显著性原则和衔接性原则，补充了主流四分法忽略的低价性原则。延续性原则排除了上述三项原则都不能判断的无过渡和零过渡现象。这种办法为语篇局部连贯分析提供了另一种比较客观的计算办法，即可以通过语篇片段满足四项原则的得分情况以及Kibble得分的计算来衡量局部连贯程度（洪明2009）。

洪明（2009）的实证研究发现四项原则中SALIENCE和CHEAPNESS与四级作文成绩有显著正相关，其中CHEAPNESS与外教评分有极其显著的正相关。中国教师与外国教师在对待四项原则体现的连贯特点方面没有显著差异。SALIENCE与成绩的正相关表明如果语篇中一个语句的回指中心与优选中心相同，有利于体现语句的注意焦点，对提高语篇质量有积极作用。CHEAPNESS表示前一语句的优选中心成为下一语句的回指中心，正是回指中心的最佳体现，也是语句之间实体联系的一种最佳方式。因此CHEAPNESS与成绩的正相关表明语句过渡如果符合这一条件，很好地实现了语句之间的实体联系，那么语句之间的局部连贯得到加强，从而提高了语篇质量。本次相关分析中显示CHEAPNESS与成绩的相关性最高，说明这个条件最能反映语篇的质量，最有可能成为评价语篇质量的指标。与主流四分法和七分法对四级作文的分析结果相比，Kibble分析法凸显出与成绩关系紧密的三个指标，在这三个指标中CHEAPNESS与成绩的相关值最高。这个结果不仅为我们判断语句过渡杂乱的四级作文质量提供了帮助，而且证明了Kibble提出补充低价性原则的观点是正确的。

总而言之，四分法与七分法应用于语篇连贯评价的主要办法是计算各种过渡方式的使用比例，根据提高或破坏语篇连贯性的过渡方式的分布比例来判断语篇的连贯程度。在四分法与语篇质量的相关性分析中凸显出与语篇质量密切相关的一个连贯性指标——非流畅转换（ROUGH4）。非流畅转换与作文成绩呈极其显著的负相关，可以作为衡量语篇质量的一个客观指标。但是该指标的评价效力可能受到语篇长度、语篇级别等因素的影响，与四级作文成绩的相关性不高，仅与外教评分呈显著相关。

Kibble（2001）四项原则分析法遵循的基本原则弥补了四分法与七分法的不足，在评价效力上也表现出明显的优势。一、四项原则与成绩均呈极其显著的相关性，相关性非常高。说明任何一项原则都能够从不同角度反映语篇的质量，满足其中任何一项原则都有利于语篇质量的提高。其中CONTINUITY与成绩的相关性在四、八级作文的综合分析以及对八级作文的分析中表现出较高的相关性，高于其他三项原则的相关值，可以作为反映语篇连贯程度的综合指标用于作文质量的评价，而其他三项原则则可以用于判断语篇中具体的连贯方式对语篇质量的影响。二、Kibble（2001）计算得分（SCOREKA）与四、八级作文都呈现出相关性，与四级作文成绩呈现出显著相关，与八级作文呈现出极其显著的相关性，且相关值非常高，因而也是一个有效的评价指标，能够综合反映语篇的连贯程度。以上两个结果表明Kibble（2001）四项原则分析办法为语篇连贯程度的量化评价提供了两个综合指标，弥补了四分法、七分法对单个或几个指标的依赖性，因而能够更全面、更准确地判断语篇的连贯性，更准确地反映语篇的质量。三、Kibble（2001）四项原则分析法与其他两种分析办法相比，能够更好地把握不同级别的作文语料之间的共性，更适用于不同级别的作文质量的判断（洪明2009）。

12.3 结语

作文自动评分系统尽管已经取得了很大进步，并且被应用于多种考试的实践中。但仍然有许多有待提高的地方。向心理论是关于语篇连贯的理论，它可以对语篇进行量化测量。如果能够把向心理论对于语篇的量化测量应用于作文自动评分系统，可以提高此类系统的可信度，更加接近人工评分。

大部分作文自动评分系统没有考虑到语篇的连贯性，向心理论正好可以弥补它们的这一弱点。但是因为向心理论本身的理论框架还不完全确定，不同的研究者有不同的看法，至于何种策略更加有效，更能够客观反映语篇的连贯性，提高评分系统的信度，还有待于进一步的深入研究。

参考书目

Allen, J. F. 1983. Recognizing Intentions from Natural Language Utterances. In Brady, M. and Berwick, R.C., Eds., *Computational Models of Discourse*. MIT Press: 107-166.

Alshawi, Hiyan. 1987. *Memory and Context for Language Interpretation.* Cambridge University Press, Cambridge.

Ariel, M. 1990. *Accessing Noun-phrase Antecedents*. NY: Routledge.

Asher, N. & A. Lascarides. 1993. Lexical disambiguation in a discourse context. *Journal of Semantics* 12: 69-108.

Baddeley, Alan. 1986. *Working Memory*. Oxford University Press.

Barwise, J. 1988. *The Situation in Logic-iv: On the Model Theory of Common Knowledge*. Technical Report No. 122, CSLI.

Beaver, David. 2004. The optimization of discourse anaphora. *Linguistics and Philosophy*, 27 (1) : 3-56.

Blutner, R. 2000. Some aspects of optimality in natural language interpretation. *Journal of Semantics* 17, 189 - 216.

Bock, J. K., Mazella, J. R. 1983. Intonational Marking of Given and New Information: Some Consequences for Comprehension, *Memory & Cognition.*, 11.

Brennan, S. E. 1995. Centering attention in discourse. *Language and Cognitive processes*, 10 (2) : 137-167.

Brennan, S., M. Friedman & C. Pollard, 1987. A Centering Approach to Pronouns. In *Proceedings of the 25th Annual Meeting of the Association for Computational Linguistics*, Stanford, California.

Brennan, Susan E., Marilyn W. Friedman, and Charles J. Pollard. 1987. A centering approach to pronouns. In *Proceedings of the 25th ACL*, Stanford, CA, pp.155-162, June.

Brown, G. & Yule, G. 1983. *Discourse Analysis*. Cambridge: CUP.

Buchwald, A. Oren Schwartz, Amanda Seidl, and Paul Smolensky. 2002. Recoverability Optimality Theory: Discourse Anaphora in a Bidirectional framework. In Bos, Foster & Matheson (eds) : *Proceedings of the sixth workshop on the semantics and pragmatics of dialogue* (EDILOG 2002) , 4-6 September 2002, Edinburgh, UK, pp.37-44.

Burstein, J.C., Kukich, K., Wolf,f S., Lu, C., Chodorow, M., Braden-Harder, L. & Harris, M. D. 1998a. Automated scoring using a hybrid feature identification technique. In *The Proceedings of the annual meeting of the Association of Computation*.

Burstein, J. C., Kukich, K., Wolf,f S. E., Lu, C., & Chodorow, M. 1998b. Enriching automated scoring using discourse marking. Paper presented at the *Workshop on Discourse Relations and Discourse Marking* at the annual meeting of the Association.

Burstein, J., Kukich, K., Braden-Harder, L., Chodorow, M., Hua, S. & Kaplan, B. 1998c. *Computer analysis of essay content for automatic score prediction: A prototype automated scoring system for GMAT analytical writing assessment*. (Research Report RR-98-15) . Princeton, NJ: Educational Testing Service.

Burstein, J.C., & Marcu, D., Andreyev, S, & Chodorow, M. 2001.Towards automatic classification of discourse elements in essays. In *Proceedings of the 39th annual meeting of the Association for Computational Linguistics*, France: 90-92.

Caramazza, Alfonso, Ellen Grober, Catherine Garvey, and Jack Yates. 1977. Comprehension of anaphoric pronouns. *Journal of Verbal Learning and Verbal Behavior*, 16: 601-609.

Carrell, P.L. 1982. Cohesion is Not Coherence. *TESOL Quarterly*. Vol. 16. No. 4.

Carston, R. 1998. Informativeness, relevance and scalar implicature. In

Carston, R., Uchida, S. (Eds.) . *Relevance Theory: Applications and Implications* （pp.179-236）. Amsterdam: John Benjamins.

Chafe, Wallace. 1976. Givenness, contrastiveness, definiteness, subjects, and topics. In C. Li, editor, *Subject and Topic*. Academic Press, New York, pp.25-76.

Chafe, Wallace. 1980. *The Pear Stories: Cognitive, Cultural and Linguistic Aspects of Narrative Production*. Norwood, NJ, Ablex.

Chen, P. 1986. *Referent Introducing and Referent Tracking in Chinese Narratives*. Ph.D. dissertation, University of California at Los Angeles.

Cheng, Hua and Chris Mellish. 2000. Capturing the interaction between aggregation and text planning in two generation systems. *Proceedings of First International Conference on Natural Language Generation (INLG'00)* （pp.186-193）. Mitzpe Ramon, Israel.

Cheng, Hua. 2000. Experimenting with the interaction between aggregation and text structuring. *Proceedings of ANLP-NAACL 2000 Student Research Workshop* (pp.1-6) . Seattle, Washington.

Chomsky, N. 1965. *Aspects of the Theory of Syntax*. Cambridge. Mass.: MIT Press.

Chomsky, N. 1966. *Cartesian Linguistics*. Harper and Row.

Chu, C.C. 1998. *A Discourse Grammar of Mandarin Chinese*. New York: Peter Lang.

Clark, H. & Harviland, S. 1977. Comprehension and the Given-new Contract. In: R. Freedle (ed.) , *Discourse Comprehension and Production*, 1-40. Norwood, NJ: Ablex.

Clark, Herbert H. and C. J. Sengul. 1979. In search of referents for nouns and pronouns. *Memory and Cognition*, 7: 35-41.

Cohen, Y., Ben-Simon, A. & Hovav, M. 2003.The effect of specific language features on the complexity of systems for automated essay scoring. Paper presented at the *IAEA 29th Annual Conference*. Manchester, UK.

Cooreman, Ann and Tony Sanford. 1996. *Focus and syntactic subordination in discourse*. Research Paper no. RP-79, University of Edinburgh, HCRC.

Cornish, F. 1986. *Anaphoric Relations in English and French: A Discourse Perspective.* London: Croom Helm.

Cote, S. 1998. Ranking forward-looking centers. In M.A. Walker, A.K. Joshi & E.F. Prince (eds.) , *Centering Theory in Discourse,* pp.55-69. New York: Oxford University Press.

Cristea, D. 1998. *Formal Proofs in Incremental Discourse Processing and Veins Theory.* Research Report TR98-2. Dept. of Computer Science, University A.I.Cuza, Iasi.

Cristea, D., N. Ide & L. Romary. 1998. Veins theory: a model of global discourse cohesion and   coherence. In *Proceedings of the 36th Annual Meeting of the Association for Computational Linguistics and 17th Int. Conf. on Computational Linguistics,* pp.281-285. San Francisco, California.

Crystal, David. 1980. *Introduction to language pathology.* Edward Arnold Ltd., London.

Crystal, David. 1985. A dictionary of linguistics and phonetics. 2nd edition. New York: Basil Blackwell.

Crystal, David. 1987. *The Cambridge encyclopedia of language.* Cambridge, England: Cambridge University.

Crystal, David. 1992. *An Encyclopedic Dictionary of Language and Languages.* Cambridge, MA: Blackwell.

Di Eugenio, B. 1990. Centering theory and the Italian pronominal system. In *COLING90: Proc. 13th International Conference on Computational Linguistics,* pp.270-275. Helsinki.

Di Eugenio, B. 1998. Centering in Italian. In M.A. Walker, A.K. Joshi & E.F. Prince (eds.) , *Centering Theory in Discourse,* pp.115-138. New York: Oxford University Press.

Di Eugenio, Barbara, Johanna D. Moore, and Massimo Paolucci. 1997. Learning features that predict cue usage. In *Proceedings of the 35th ACL,* Madrid.

Erku, F. & Gundel, J. 1987. Indirect Anaphors. In J. Verschueren & M.

Bertuccelli-Papi (eds). *The Pragmatic Perspective*. John Benjamins.

Fais, Laurel. 2004. Inferable Centers, Centering Transitions, and the Notion of *Coherence. Computational Linguistics*, 30 (2) : 119-150.

Flammia, G. and V. Zue. 1995. Empirical Results of Dialogue Coding. *Proceedings of the 4ᵗʰ European Conference on Speech Communication and Technology*, Madrid, iii. 1965-8.

Fletcher, Charles R. John E. Hummel, and Chad J. Marsolek. 1990. Causality and the allocation of attention during comprehension. *Journal of Experimental Psychology*, 16 (2) : 233-140.

Fox, B. 1987. Discourse Structure and Anaphora. Written and conversational English. *Cambridge Studies in Linguistics. Cambridge: Cambridge* University Press.

Fox, Barbara A. 1987. *Discourse Structure and Anaphora*. Cambridge University Press, Cambridge.

Frege, Gottlob. 1879. *Begriffsschrift: eine der arithmetischen nachgebildete Formelsprache des reinen Denkens*. Halle.

Ge, N., J. Hale and E. Charniak. 1998. A statistical approach to anaphora resolution. In *Proceedings of the Sixth Workshop on Very Large Corpora*, pages 161-170, Montreal, Canada, August 15-16.

Gernsbacher, M. & M. A. Hargreaves. 1988. Accessing sentence participants: the advantage of first mention. *Journal of Memory and Language*, 27: 699-717.

Giora, Rachel. 1997. Understanding figurative and literal language: The graded salience hypothesis. *Cognitive Linguistics* 7: 183-206.

Giora, Rachel. 1997b. Discourse Coherence and Theory of Relevance: Stumbling Blocks in Search of a Unified Theory. *Journal of Pragmatics*. 27:17-34.

Giora, Rachel. 1998. Discourse Coherence is an Independent Notion: A Reply to Deidre Wilson. *Journal of Pragmatics*. 29: 75-86.

Giora, Rachel. 1999. On the priority of salient meanings: Studies of literal and figurative language. *Journal of Pragmatics* 31: 919-929.

Giora, Rachel. 2002. Literal vs. figurative language: Different or equal?

Journal of Pragmatics 34: 487-506.

Giora, R. 2003 *On Our Mind: Salience, Context, and Figurative Language.* Oxford: OUP.

Givon, Talmy, editor. 1983. *Topic Continuity in Discourse: A Quantitative Cross-Language Study.* Benjamins, Amsterdam and Philadelphia.

Goldman. Alvin I. 1986. *Epistemology and Cognition.* Harvard University Press.

Gordon, P. C., B. J. Grosz & L. A. Gilliom. 1993. Pronouns, names and the centering of attention in discourse. *Cognitive Science,* 17: 311-47.

Gordon, Peter C., Barbara J. Grosz, and Laura A. Gillion. 1993. Pronouns, names, and the centering of attention in discourse. *Cognitive Science,* 17: 311-348.

Greene, S.B. Gail McKoon, and R. Ratcliff. 1992. Pronoun resolution and discourse models. *Journal of Experimental Psychology: Learning, Memory and Cognition,* 18 (2) : 266-283.

Grice, H.P. 1957. Meaning. Reprinted in P.F. Strawson (ed.) . 1967. *Philosophical Logic.* London: Oxford University Press.

Grice, H.P. 1975. Logic and conversation. In P. Cole & J. L. Morgan (eds.) . *Syntax and Semantics:* Vol 3: *Speech Acts.* New York: Academic Press.

Grosz, B. J. 1977. *The Representation and Use of Focus in Dialogue Understanding.* Ph.D. Dissertation, University of California, Berkeley.

Grosz, B.J. 1978a. Discourse Analysis. In Walker, D. (ed.) *Understanding Spoken Language.* New York: Elsevier North-Holland.

Grosz, B.J. 1978b. Focusing in Dialog. *Theoretical Issues in Natural Language Processing-2.* Illinois: University of Illinois at Urbana-Champaign.

Grosz, B.J. 1981. Focusing and Description in Natural Language Dialogues. In A.Joshi, B. Webber & I. Sag. (eds.) *Elements of Discourse Understanding.* Cambridge: CUP.

Grosz, B. J. & C. L. Sidner. 1986. Attentions, intentions and the structure of discourse. *Computational Linguistics,* 12: 175-204.

Grosz, B. J. & C. L. Sidner. 1998. Lost intuitions and forgotten intentions. In

M.A. Walker, A.K. Joshi & E.F. Prince (eds.) , *Centering Theory in Discourse*, pp.39-51. Oxford University Press.

Grosz, B. J., A. K. Joshi & S. Weinstein. 1995. Centering: a framework for modeling the local coherence of discourse. *Computational Linguistics*, 21 (2) : 203-225.

Grosz, B. J., A. K. Joshi & Scott Weinstein. 1983. Providing a unified account of definite noun phrases in discourse. In *Proceedings of the 21st Annual Meeting of the Association of Computational Linguistics*, pp.44-50. Cambridge, Mass.

Grosz, Barbara J., Aravind K. Joshi, and Scott Weinstein. 1986. *Towards a computational theory of discourse interpretation*. Unpublished manuscript.

Grosz, Barbara J., Aravind K. Joshi, and Scott Weinstein. 1995. Centering: A framework for modeling the local coherence of discourse. *Computational Linguistics*, 21 (2) : 202-225.

Halliday M A K. 1978. *Language as Social Semiotic: the social interpretation of language and meaning*. London: Edward Arnold.

Halliday, M.A.K. & Hasan, R. 1985. *Language, Context and Text*. Victoria: Deakin University Press.

Halliday, M.A.K. (1985/1994/2004) *An Introduction to Functional Grammar*. London: Edward Arnold.

Halliday, M.A.K, and Ruqayia Hasan. 1976. *Cohesion in English*. London: Longman.

Halliday, M.A.K.1961. *Categories of the Theory of Grammar*. Reprinted in Gunther Kress (ed.) 1976. Halliday: System and Function in Language. Oxford: OUP.

Hankamer, Jorge and Ivan Sag. 1976. Deep and surface anaphora. *Linguistic Inquiry*, 7: 391-428.

Hasan R. 1964. *A Linguistic Study of Contrasting Features in the Style of Two Contemporary English Prose Writers*. Ph.D. dissertation. University of Edinburgh.

Hasida, K, K, Nagao and T. Miyata. 1995. A game-theoretic account of collaboration on communication. In *Proceedings of the First International Conference on Multi-Agent Systems.*

Hasler, L. 2004. An investigation into the use of centering transitions for summarization. In *Proceedings of the 7ᵗʰ Annual CLUK Research Colloquium*, 100-7.

Hawkins, J. A. 1978. *Definiteness and Indefiniteness.* London: Croom Helm.

Hearst, M. 1994. Text Tiling: A Quantitative Approach to Discourse Segmentation. *Proceedings of the 32ⁿᵈ Annual Meeting of the Association for Computational Linguistics*, Las Cruces, N. Mex., 9-16.

Henschel, Renate. Hua Cheng, and Massimo Poesio. 2000. Pronominalization revisited. *In COLING–2000: Proceedings of the 18th International Conference on Computational Linguistics*, Saarbruecken, Germany.

Hintikka. 1973. *Logic, Language-game, and Information.* Oxford University Press.

Hirschberg, J. and C. Nakatani. 1996. A Prosodic Analysis of Discourse Segments in Direction-Giving Monologues. *Proceedings of the 34ᵗʰ Annual Meeting of the Association for Computational Linguistics*, Santa Cruz, Calif., 286-94.

Hirst, G. J. 1981. *Anaphora in Natural Language Understanding*: A Survey. Springer-Verlag [Lecture Notes in Computer Science Series No. 119].

Hobbs, Jerry R. 1979. Coherence and coreference. *Cognitive Science*, 3: 67-90.

Hobbs. Jerry R. 1976. Pronoun resolution. *Technical Report 76-1*, Department of Computer Science, City College, City University of New York.

Hoey, M. 2000. *Patterns of Lexis in Text.* Shanghai: Shanghai Foreign Language Education Press.

Huang, Y. 2000. *Anaphora: A Cross-linguistic Approach.* Oxford: Oxford University Press.

Hudson, Susan B., Michael K. Tanenhaus, and Gary S. Dell. 1986. The effect of the discourse center on the local coherence of a discourse. In *Proceedings of the Eight Annual Meeting of the Cognitive Science Society*, Amherst, MA, pp.96-101.

Hudson-D'Zmura, Susan and Michael K. Tanenhaus. 1998. Assigning antecedents to ambiguous pronouns: The role of the center of attention as the default assignment. In M. A. Walker, A. K. Joshi, and E. F. Prince, editors, *Centering Theory in Discourse*. Oxford University Press, Oxford, pp.199-226.

Iida, M. 1998. Discourse coherence and shifting centers in Japanese texts. In M.A. Walker, A.K. Joshi & E.F. Prince (eds.) , *Centering Theory in Discourse*, pp.161-181. Oxford University Press.

Johnson, D., Johnson, R., and Smith, K. (1991) , *Cooperative Learning: Increasing College Faculty Instructional Productivity*, ASHE-ERIC Higher Education Report No. 4, Washington, DC: The George Washington University.

Joshi, A. K. & S. Weinstein. 1981. Control of inference: role of some aspects of discourse structure-centering. In *Proceedings of International Joint Conference on Artificial Intelligence*, pp.385-387. Vancouver, Canada.

Joshi, A. K. & S. Weinstein. 1998. Formal systems for complexity and control of inference: A reprise and some hints. In M.A. Walker, A.K. Joshi & E.F. Prince (eds.) , *Centering Theory in Discourse*, pp.31-38. New York: Oxford University Press.

Joshi, A. K. and S. Kuhn. 1979. Centered logic: the role of entity centered sentence representation in natural language inferencing. In *Proceedings of the 6th International Joint Conference on Artificial Intelligence*, pp.435-9. Tokyo.

Kameyama, M. 1985. *Zero Anaphora: The Case of Japanese*. Ph.D. dissertation, Stanford University.

Kameyama, M. 1986. A property-sharing constraint in centering. In *Proceedings of the 24th Annual Meeting of the Association for Computational Linguistics*, pp.200-6. New York.

Kameyama, Megumi. 1998. Intrasentential centering: A case study. In M. A. Walker, A. K. Joshi, and E. F. Prince, editors, *Centering Theory in Discourse*. Oxford University Press, Oxford, Chapter 6, pp.89-112.

Karamanis, Nikiforos. 2001. A Centering-based Algorithm for the Generation of the Animate Subject in Greek. In *Studies in Greek Linguistics, Proceedings of the 22nd Annual Meeting*. Department of Linguistics, School of Philology, Aristotle University of Thessaloniki, April 2001.

Karamanis, Nikiforos. 2001. Exploring entity-based coherence. In *Proceedings of the Fourth CLUK*. University of Sheffield, pp.18-26.

Keenan, E. & B. Comrie.1977.Noun phrase accessibility and Universal Grammar. *Linguistic Inquiry*, 8: 63-99.

Kibble, Rodger J. 1999. Cb or not Cb? Centering theory applied to NLG. In *Proceedings of ACL Workshop on the Relation of Discourse-Dialogue Structure and Reference*, pp.72-81.

Kibble, Rodger. 2001. A reformulation of Rule 2 of centering theory. *Computational Linguistics*, 27 (4) : 579-587.

Kibble, Rodger. 2003. Towards the elimination of centering theory. Proceedings of the Seventh Workshop on the Semantics and Pragmatics of Dialogue. University of Saarlandes, Germany, 51-58.

Kibble, R. and Richard Power. 1999. Using centering theory to plan coherent texts, In *Proceedings of the 12th Am-sterdam Colloquium*.

Kibble, Roger and Richard Power. 2000. An integrated framework for text planning and pronominalisation. In *Proceedings of the First International Conference on Natural Language Generation*, pp.194-200, Mitzpe Ramon, Israel.

Kibble, Rodger and Richard Power. 2004. Optimising referential coherence in text generation. *Computational Linguistics* 30 (4) : 401-16, ISSN 0891-2017.

Kintsch, Walter and Teun van Dijk. 1978. Towards a model of discourse comprehension and production. *Psychological Review*, 85: 363-394.

Kintsch. W. 1988. The role of knowledge in discourse comprehension: A construction-integration model. *Psychological Review*, 95: 163-182.

Kukich, Karen. 2004. Evaluation of text coherence for electronic essay scoring systems. natural language engineering. *Natural Language Engineering*, 10

(1) :25-55.

Lakoff, G. 1987.*Women, Fire and Dangerous Things*. Chicago: The University of Chicago Press.

Lakoff, G. and M. Johnson. 1980. *Metaphors We Live by. Chicago*: The University of Chicago Press.

Lascarides, Alex and Nick Asher. 1993. Temporal interpretation, discourse relations and commonsense entailment. *Linguistics and Philosophy*, 16 (5), pp.437-493.

Landauer, T. K., Laham, D.& Foltz, P.W. 2003. Automated Essay Scoring and Annotation of Essays with the Intelligent Essay Assessor. In M.D. Shermis and J. Burstein (eds.) . *Automated Essay Scoring: A Cross-Disciplinary Perspective*. Mahwah, NJ: Lawrence Erlbaum Associates.

Lavigne-Tomps, F & Dubois D. 1999. Context Effects and Associative Anaphora in Reading. *Journal of Pragmatics*. 31: 399-415.

Lenneberg, E. H. 1994. A biological perspective of language. In E. H. Lenneberg (ed.) *New Directions in the Study of Language*. Cambridge: NUT Press.

Levinson, S. C. 1987 "Pragmatics and the grammar of anaphora", *Journal of Linguistics* 23: 379-434.

Levinson, S. C. 1989. A Review of Relevance. *Journal of Linguistics*. Vol. 25, No.: 455-472.

Levinson, S. C. 1991. Pragmatic reduction of the binding conditions revisited, *Journal of Linguistics* 27:107-161.

Li, C. N. & S. A. Thompson. 1981. *Mandarin Chinese — A Functional Reference Grammar*. Berkeley, CA: University of California Press.

Li, C.N. and S. A. Thompson. 1979. Third-person pronouns and zero-anaphora in Chinese discourse. In T. Givon (ed.) *Syntax and Semantics: Discourse and Syntax*, volume 12, 311-335. Academic Press.

Litman, Diane. *Plan Recognition and Discourse Analysis: An Integrated Approach for Understanding Dialogues*. Ph.D. dissertation, University of Rochester, Rochester, New York. 1985.

Manabu, O. & T. Kouji. 1996. Zero pronoun resolution in Japanese discourse based on centering theory. In *Proceedings of the 16th International Conference on Computational Linguistics* (COLING-96) , pp.871-876. Copenhagen.

Mann, William C. and Sandra A. Thompson. 1987. *Rhetorical Structure Theory: A Theory of Text Organization* (No. ISI/RS-87-190) . Marina del Rey, CA: Information Sciences Institute.

Mann, William C. and Sandra A. Thompson. 1988. Rhetorical structure theory: Towards a functional theory of text organization. Text, 8 (3) : 243-281.

Marcu, Daniel. 1999. Instructions for manually annotating the discourse structures of texts. Unpublished manuscript, USC/ISI.

Marilyn A. Walker. 1993. *Informational Redundancy and Resource Bounds in Dialogue*. PhD thesis, University of Pennsylvania.

Martin, J. 1992. *English Text: System and Structure*. Amsterdam and Philadelphia: Benjamins.

Matsui, T. 1999. "Approaches to Japanese zero pronouns: Centering and relevance" in: *Proceedings of the workshop on the Relation of Discourse/ Dialogue Structure and Reference*. 37th annual meeting of the Association for Computational Linguistics (ACL-99) , 11-20.

McCarthy, John. 2002. *A Thematic Guide to Optimality Theory*. Cambridge: Cambridge University Press.

McCoy, Kathleen F. and Strube, Michael. 1999. Taking time to structure discourse: Pronoun generation beyond accessibility. In *Proceedings of the Twenty-First Conference of the Cognitive Science Society*, pp.378-383, Vancouver, CA, August.

McDonald, D.D. 1980. *Natural Language Production as a Process of Decision Making under Constraint*, Ph.D. thesis, MIT.

McKeown, Kathleen R. 1985. *Text Generation*. Cambridge University Press, Cambridge.

McKoon, Gail and Roger Ratcliff. 1992. Inference during reading. *Psychological Review*, 99 (3) : 440-466.

Mellish, Chris. Alistair Knott, Jon Oberlander, and Mick O'Donnell. 1998. Experiments using stochastic search for text planning. In *Proceedings of the 9th International Workshop on Natural Language Generation*, Ontario, Canada.

Meteer, Marie. 1992. Expressibility and the Problem of Efficient Text Planning. *Communication in Artificial Intelligence*. Pinter Publishers Limited, London.

Miike S., E. Itoh, K. Ono & K. Sumita. 1994. A full-text retrieval system with a dynamic abstract generation function. *SIGIR Forum*, 152-161.

Miller. G. A. 1956. The magical number seven, plus or minus two: Some limits on our capacity for processing information. *Psychological Review*, 3: 81-97.

Miltsakaki, E. 1999. Locating topics in text processing. In P. Monachesi, ed., *Computational Linguistics in the Netherlands: Selected Papers from the Tenth CLIN Meeting*. Utrecht Institute of Linguistics OTS, Utrecht, Netherlands. pp.127 - 38.

Miltsakaki, Eleni. 2002. Towards an aposynthesis of topic continuity and intrasentential anaphora. *Computational Linguistics*, 28 (3) : 319-355.

Miltsakaki, Eleni. 2003. *The syntax-discourse interface: effects of the main-subordinate distinction on attention structure*. Ph.D. dissertation, University of Pennsylvania.

Miltsakaki, Eleni and K.Kukich. 2000. Automated evaluation of coherence in student essays. In *Proceedings of the Workshop on Language Resources and Tools in Educational Applications*, LREC 2000, Athens, Greek: 7-14.

Mitkov, R. 1999. *Anaphora Resolution: The State of the Art*. Working paper (Based on the COLING 98/ACL' 98 tutorial on anaphora resolution) . Wolverhampton, University of Wolverhampton.

Mitkov, R. 2001. Outstanding issues in anaphora resolution. In Alexander Gelbukh (ed.) , *Computational Linguistics and Intelligent Text Processing*, pp.110-125. Berlin: Springer.

Mitkov, R. 2002. *Anaphora Resolution*. London: Longman.

Mitsuko,Yamura-Takei, Fujiwara, M., and Aizawa, T. 2001. Centering as an

Anaphora Generation Algorithm: A Language Learning Aid Perspective, *NLPRS 2001*, Tokyo, Japan, pp.557-562.

Mittal, Vibhu, Johanna Moore, Giuseppe Carenini, and Steven Roth. 1998. Describing complex charts in natural language: A caption generation system. *Computational Linguistics*, 24 (3) : 431-467.

Myerson, R., 1991, *Game Theory: Analysis of Conflict*. Cambridge and London: Harvard University Press.

Nash, J. 1950. Equilibrium Points in n-Person Games. *Proceedings of the National Academy of Sciences* USA 36, 48-49.

Nash, J. 1951. Non-Cooperative Games. *Annals of Mathematics* 54, 286-295.

Not, Elena. 1996. A computational model for generating referring expressions in a multilingual application domain. In *COLING–1996: Proceedings of the 16th International Conference on Computational Linguistics*, Copenhagen, Denmark, August.

Oberlander, Jon, Alistair Knott, Mick O'Donnell, and Chris Mellish. 1999. Beyond elaboration: generating descriptive texts containing it-clefts. In T. Sanders, J. Schilperoord, and W. Spooren, (eds.) *Text Representation: Linguistic and Psycholinguistics Aspects*. Benjamins, Amsterdam.

Oberlander, Jon. Alistair Knott, Mick O'Donnell, and Chris Mellish. 1999. Beyond elaboration: Generating descriptive texts containing it-clefts. In T Sanders, J Schilperoord, and W Spooren, editors, *Text Representation: Linguistic and Psycholinguistic Aspects*. Benjamins, Amsterdam.

Ono, K., K. Sumita & S. Miike. 1994. Abstract generation based on rhetorical structure extraction. *COLING 94*, 344-48. Kyoto.

Passonneau, R. J. 1995. *Using Centering to Relax Gricean Informational Constraints on Discourse Anaphoric Noun Phrases*. Research Report, Bellcore.

Passonneau, Rebecca J. 1998. Interaction of discourse structure with explicitness of discourse anaphoric noun phrases. In M. A. Walker, A. K. Joshi, and E. F. Prince, editors, *Centering Theory in Discourse*. Oxford University Press, Oxford, chapter 17, pp.327-358.

Passonneau, Rebecca J. and Diane Litman. 1993. Feasibility of automated discourse segmentation. In *Proceedings of 31st Annual Meeting of the ACL,* Columbus, OH, pp.148-155.

Passonneau, Rebecca J. and Diane Litman. 1994. Empirical Analysis of Three Dimensions of Spoken Discourse: Segmentation, Coherence and Linguistic Devices. In Donia Scott and Eduard Hovy (eds.) , *Computational and Conversational Discourse: Burning Issues — An Interdisciplinary Account.* Heidelberg, Springer Verlag.

Pearson, Jamie, Rosemary Stevenson, and Massimo Poesio. 2000. Pronoun resolution in complex sentences. In *Proceedings of AMLAP*, Leiden.

Poesio, M., R. Stevenson, B. Di Eugenio & J. Hitzeman. 2004. Centering: a parametric theory and its instantiations. *Computational Linguistics*, 30/3: 309-363.

Pollack, Martha E. 1986. *Inferring Domain Plans in Question-Answering.* PhD dissertation, University of Pennsylvania.

Pollack, Martha. Julia Hirschberg, and Bonnie Webber. 1982. User participation in the reasoning process of expert systems. In *Proceedings First National Conference on Artificial Intelligence*, pp.358-361, 1982.

Powers, D. E., Burstein, J. C., Chodorow, M., Fowles, M. E., & Kukich K. 2000. Comparing the validity of automated and human essay scoring (*GRE Board Research Report 98 -08aR*) . Princeton, NJ: Educational Testing Service.

Prince, Alan and Paul Smolensky. 1993. *Optimality theory: constraint interaction in generative grammar.* Ms., Rutgers University, New Brunswick and University of Colorado, Boulder.

Prince, Ellen F. 1981. Toward a taxonomy of given-new information. In P. Cole, editor, *Radical Pragmatics.* Academic Press, New York, pp.223-256.

Prince, Ellen F. 1992. The ZPG letter: Subjects, definiteness, and information status. In S. Thompson and W. Mann, editors, *Discourse Description: Diverse Analyses of a Fund-Raising Text.* Benjamins, Amsterdam and Philadelphia, pp.295-325.

Quirk, Randolph and Greenbaum, Sidney and Leech, Geoffrey and Svartvik, Jan. 1985. *A Comprehensive Grammar of the English Language*: Longman.

Rambow, Owen. 1993. Pragmatics aspects of scrambling and topicalization in German. In *Proceedings of the Workshop on Centering Theory in Naturally-Occurring Discourse*. Institute for Research in Cognitive Science, Philadelphia.

Reiter, E. 1994. Has a consensus NL generation architecture appeared, and is it psycholinguistically plausible? In *Proc. INLG* 7.'163-70.

Reiter, Ehud and Robert Dale. 1997. Building applied natural-language generation systems. *Journal of Natural-Language Engineering*, 3: 57-87.

Robins, R. H. 1967. *A Short History of Linguistics*. London: Longman.

Roh, Ji-Eun and Jong-Hyeok Lee. 2003. An empirical study of generating zero pronoun in Korean based on cost-based centering model. In *Proceedings of the Australasian Language Technology Summer School (ALTSS) and Australasian Language Technology Workshop (ALTW) 2003*, 90-97, Melbourne, Australia.

Samek-Lodovici, Vieri, and Prince, Alan. 1999. *Optima*. Unpublished manuscript. London: University of London; New Brunswick, NJ: Rutgers University.

Sanford, Anthony J. and Simon C. Garrod. 1981. *Understanding Written Language*: Explorations in Comprehension Beyond the Sentence. Chichester: Wiley.

Shank, Roger. 1977. Rules and topics in conversation. *Cognitive Science*, 1 (1): 421-441.

Shermis, M. D. & Burstein, J. Introduction. Shermis, M. D. & Burstein, J. (eds.) 2003. *Automated Essay Scoring: A Cross-disciplinary Perspective*. Mahwah, NJ: Lawrence Erlbaum Associates: xiii.

Sidner, C. L. 1983. Focusing in the comprehension of definite anaphora. In M. Brady & R.C. Berwick (eds.) , *Computational Models of Discourse*. MIT Press.

Sidner, C. L. 1983.What the Speaker Means: The Recognition of Speakers' Plans in Discourse. *International Journal of Computers and Mathematics*, Special Issue in Computational Linguistics.

Sidner, C. L. 1985. Plan Passing for Intended Response Recognition in Discourse. *Computational Intelligence*, 1: 1-10.

Sidner, C.L. & D.J. Israel. 1981. Recognizing Intended Meaning and Speaker's Plans. *Proceedings of the Seventh International Joint Conference in Artificial Intelligence*. University of British Columbia, British Columbia, Canada.

Sidner, Candace L. 1979. *Towards a Computational Theory of Definite Anaphora Comprehension in English Discourse*. Ph.D. thesis, Massachusetts Institute of Technology, Cambridge.

Sidner, Candace L. 1981. Focusing for interpretation of pronouns. *Computational Linguistics*, 7/4: 217-31.

Siegel, Sidney and N. John Castellan. 1988. *Nonparametric Statistics for the Behavioral Sciences*, 2nd edition McGraw-Hill, Boston.

Simon, H.A. 1974. The psychological concept of "Losing Move" in a game of perfect information. *Proceedings of the National Academy of Sciences*, 71, 2276-2279.

Sperber, D. & Wilson, D. (1998) The mapping between the mental and the public lexicon. In P. Carruthers & J. Boucher (eds.) *Language and Thought: Interdisciplinary Themes*. Cambridge: Cambridge University Press. 184-200.

Sperber, Dan and Deirdre Wilson. 1987. 'Précis of Relevance: Communication and Cognition'. *Behavioural and Brain Sciences* vol. 10, pp. 697-754.

Sperber, D. & Wilson, D. 1982. Mutual knowledge and relevance in theories of comprehension. In N. V. Smith (ed.) *Mutual knowledge*. London: Academic Press.

Sperber, D. & Wilson, D. 1986/1995. *Relevance: Communication and Cognition*. Cambridge, Mass.: Harvard University Press.

Stevenson, Rosemary J., Rosalind A. Crawley, and David Kleinman. 1994.

Thematic roles, focus, and the representation of events. *Language and Cognitive Processes*, 9: 519-548.

Stevenson, Rosemary, Alistair Knott, Jon Oberlander, and Scott McDonald. 2000. Interpreting pronouns and connectives: Interactions between focusing, thematic roles and coherence relations. *Language and Cognitive Processes*, 15, p.p.225-262.

Stone, Harold S. 1987. *High Performance Computer Architecture*. Addison Wesley.

Strube, M. & U. Hahn. 1999. Functional centering–grounding referential coherence in information structure. *Computational Linguistics*, 25 (3) : 309-344.

Strube, Michael. 1998. Never look back: An alternative to centering. In *Proceedings of COLING-ACL*, p.p.1251-1257, Montreal.

Stubbs. M. 1983. *Discourse Analysis: The Sociolinguistic Analysis of Natural Language*. University of Chicago Press.

Suri, Linda Z. and Kathleen F. McCoy. 1994. RAFT/RAPR and centering: A comparison and discussion of problems related to processing complex sentences. *Computational Linguistics*, 20 (2) : 301-317.

Turan, T. (1995) *Null vs. Overt Subjects in Turkish Discourse*: A Centering Analysis. PhD. thesis, University of Pennsylvania.

Turan, U. D. 1998. Ranking forward-looking centers in Turkish: universal and language-specific properties. In M.A. Walker, A.K. Joshi and E.F. Prince (eds.) , *Centering Theory in Discourse*, pp.139-160. New York: Oxford University Press.

Ungerer, F. & H. Schmid.1996. *An Introduction to Cognitive Linguistics*. London & New York:Longman.

Valent, S., Ner, F. and Cucchiarell, A. 2003. An overview of current research on automated essay grading. *Journal of Information Technology Education*. Volume 2.

van Dijk, T. A. 1997. The Study of Discourse. In T. A. van Dijk (ed.) *Discourse as Structure and Process*. London: Sage Publications Ltd.

van Rooy, R. 2003. Relevance and Bidirectional OT. In R. Blutner and H. Zeevat (eds.) *Pragmatics and Optimality Theory*. 173-210. Palgrave.

Walker M., M. Iida & S. Cote. 1994. Japanese discourse and the process of centering. *Computational Linguistics* 20/2: 193-232.

Walker, M. A. 1993. Initial contexts and shifting centers. In *Proceedings of Workshop on Centering Theory in Naturally Occurring Discourse*, Institute for Research in Cognitive Science, University of Pennsylvania.

Walker, M. A. 1996. The cash memory model. *Computational Linguistics*, 22 (2) : 255-64.

Walker, M. A. 1998. Centering, anaphora resolution, and discourse structure. In M.A. Walker, A.K. Joshi & E.F. Prince (eds.) *Centering Theory in Discourse*, pp.401-436. New York: Oxford University Press.

Walker, M. A., A. K. Joshi & E. F. Prince. 1998. Centering in naturally-occurring discourse: an overview. In M.A. Walker, A.K. Joshi & E.F. Prince (eds.) , *Centering Theory in Discourse*, pp.1-28. New York: Oxford University Press.

Walker, Marilyn A., Aravind K. Joshi, and Ellen F. Prince, editors. 1998b. *Centering Theory in Discourse*. Oxford University Press, Oxford.

Walker, Marilyn A., Aravind K. Joshi, and Ellen F. Prince. 1998a. Centering in naturally occurring discourse: An overview. In M. A. Walker, A. K. Joshi, and E. F. Prince, editors, *Centering Theory in Discourse*. Oxford University Press, Oxford, chapter 1, pp.1-28.

Walker, Marilyn A., Masayo Iida, and Sharon Cote. 1994. Japanese discourse and the process of centering. *Computational Linguistics*, 20 (2) : 193-232.

Webber, B. L. 1979. *A Formal Approach to Discourse Anaphora*. London: Garland Publishing.

Widdowson, H.G. 1973. *An applied linguistic approach to discourse analysis*. Ph.D. thesis, University of Edinburgh.

Widdowson, H.G. 1978. Teaching Language as Communication. Oxford: OUP.

Wilson, D. 2000. Metarepresentation in linguistic communication. In Sperber (ed.) *Metarepresentations: An Interdisciplinary Perspective*. NY: OUP.

411-448.

Yamura-Takei, M., M. Fujiwara & T. Aizawa. 2001. Centering as an anaphora generation algorithm: a language learning aid perspective. In *Proceedings of the 6th Natural Language Processing Pacific Rim Symposium* (NLPRS 2001) , pp.557-562. Tokyo.

Yeh, C. and Mellish, C. 1997. An empirical study on the generation of anaphora in Chinese. *Computational Linguistics*, 23 (1) : 169-190.

Yngve, Victor H. 1961. The Depth Hypothesis. In R. Jacobson. (ed.) *Structure of Language in its Mathematical Aspects*. Providence, R. I.: American Mathematical Society.

Zipf, G. K. 1949. *Human Behavior and the Principle of Least Effort*. Cambridge, Massachusetts: Addison-Wesley.

曹日昌主编. 1980.《普通心理学》. 北京：人民教育出版社.

陈平. 1987. 汉语零形回指的话语分析.《中国语文》第5期：263-378.

程工. 1999. 语言共性的心理学和生理学证据.《解放军外国语学院学报》第5期.

程晓堂. 2005.《基于功能语言学的语篇连贯研究》. 北京：外语教学与研究出版社.

丁锦红，张钦，郭春彦. 2010.《认知心理学》. 北京：中国人民大学出版社.

丁声树等. 1961.《现代汉语语法讲话》. 北京：商务印书馆.

丁杨. 2010. 语言的共性与个性.《考试周刊》第12期.

段蔓娟. 2006.《向心理论的参数化研究及其在汉语指代消解中的应用》. 上海外国语大学博士论文.

冯鑫、冯卉，2002. 电子阅卷员在美国的发展及在我国应用的探讨，《考试研究（第二辑）》.

傅洁，谢祖全. 1995. 普遍语法与人类认知规律.《四川外语学院学报》第2期.

高凌云. 2012.《基于向心理论的大学生英语作文连贯性评估：一项实证研究》. 北京师范大学硕士论文.

高卫东. 2008.《语篇回指的功能意义解析》. 上海：上海交通大学出版社.

高彦梅. 2002. 指称的层次.《外国语》第3期.

葛诗利. 2010. 大学英语作文自动评分方法比较研究.《广东外语外贸大学学报》第3期.

桂诗春. 1991.《实验心理语言学纲要》. 长沙：湖南教育出版社.

郭忠伟，徐延勇，周献中. 2003. 基于Schema和RST的自然语言生成混合规划方法.《计算机工程》第6期，113-115.

何瑞清. 2005. 对信息结构理论研究的梳理和批评.《四川教育学院学报》第11期.

何自然，冉永平. 2002.《语用学概论》. 长沙：湖南教育出版社.

洪明. 2009.《向心理论的局部连贯模式与二语写作质量评价》. 博士论文. 上海外国语大学.

胡壮麟. 1994.《语篇的衔接和连贯》. 上海：上海外语教育出版社.

黄行. 2004.《汉藏语多动词句的类型对比》. 第三届两岸三地藏缅语族语言暨语言学研讨会, 香港城市大学（4月17日至18日）.

黄娟. 2004. 从认知心理学角度谈外语学习过程中的记忆.《合肥工业大学学报（社会科学版）》第6期.

蒋柿红, 戈玲玲. 2007. 指称在语篇中的顺应性解释.《南华大学学报（社会科学版）》第1期.

杰克·里查兹. 1992.《朗曼语言学词典》. 刘润清等译. 太原：山西教育出版社, 280-281.

黎锦熙. 1924.《新著国语文法》. 北京：商务印书馆.

李兵. 1998. 优选论的产生、基本原理与应用.《现代外语》第3期.

李斌. 2009.《基于文本分类技术的英语作文自动评分研究》. 硕士论文. 苏州大学.

李雷雷. 2011.《语言线性视野：言语交际中的时间因素研究》. 吉林大学硕士论文.

李明菲, 许之所. 2006. 语言博弈及会话策略的调整,《武汉理工大学学报（社会科学版）》第5期.

李亚男. 2006.《汉语作为第二语言测试的作文自动评分研究》. 北京：北京语言大学博士论文.

梁茂成. 2005.《中国学生英语作文自动评分模型的构建》. 南京：南京大学博士论文.

梁茂成, 文秋芳. 2007. 国外作文自动评分系统评述及启示.《外语电化教学》第5期.

廖秋忠. 1992.《廖秋忠文集》. 北京：北京语言学院出版社.

刘礼进. 2005a. 自然语言理解中的回指解析研究概述.《外语教学与研究》第6期：439-445.

刘礼进. 2005b. 中心理论和回指解析计算法.《外语学刊》第6期：23-28.

刘悦明. 2011. 信息焦点模式与语篇听力理解策略.《大连大学学报》第04期.

刘越莲. 2008. 从语言的经济性看现代德汉语言的发展与变化.《外语教学》第2期.

马秋武，王红梅. 2008. 优选论的拓展与走向.《当代语言学》第3期：237-245页.

毛琴. 2010. 浅析优选论的产生、基本理论及最新发展.《前沿》第5期.

苗兴伟. 2001. 语篇照应的动态分析.《外语教学》第6期.

苗兴伟. 2003. 语篇向心理论述评.《当代语言学》第2期.

彭宣维. 2000.《英汉语篇综合对比》.上海：上海外语教育出版社.

钱冠连. 2002.《语言全息论》.上海：商务印书馆.

邱采真，杨海英. 2011. 从焦点结构看However的语用意义及功能.《海外英语》第1期.

曲卫国. 1993. 也评"关联理论".《外语教学与研究》第2期.

申智奇. 2011. 新型"被"字结构的认知语用解读.《外语与外语教学》第2期.

沈家煊. 1999. 转指和转喻.《当代语言学》第1期.

宋杨. 2010. 浅谈人类认知共性对计算机色彩视觉认知的影响.《科技创新导报》第5期.

索绪尔著. 高明凯译. 1996.《普通语言学教程》.北京：商务印书馆.

唐晓嘉. 2000. 试析辛提卡的语言博弈论.《西南师范大学学报（人文社会科学版）》第4期.

唐晓嘉. 2001. 语言博弈论与科学博弈《哲学动态》第5期.

特伦斯·霍克斯. 1957.《结构主义和符号学》（中译本）.上海译文出版社.

涂靖. 2009. 突显和抑制：玩笑话语的认知.《外语学刊》第6期.

汪福祥. 2004.《心理学概念》.北京：外文出版社.

王灿龙. 1999.《现代汉语照应系统研究》.中国社会科学院研究生院博士论文.

王丹，杨玉芳. 2004. 自然语言中焦点与重音关系的研究进展.《陕西师范大学学报（哲学社会科学版）》第4期.

王德亮. 2004. 汉语零形回指解析-基于向心理论的研究.《现代外语》第4期.

王德亮. 2005. 语篇研究的新视角——《语篇向心理论》评介.《外语与翻译》第2期：74-77.

王德亮. 2006. 语篇脉络理论述评——宏观语篇处理.《现代外语》第3期：309-316.

王德亮. 2008. 语篇中断处理.《外语与外语教学》第8期：13-17.

王德亮. 2009a. 向心理论在汉语中的参数化——语篇下指中心排序的实证研究.《外语与翻译》第3期：36-43.

王德亮. 2009b, 语篇连贯性的量化测量——基于向心理论的研究。孙茂松，陈群秀主编，中国计算语言学研究前沿进展（2007-2009），清华大学出版社。280-286.

王厚峰. 2002. 指代消解的基本方法和实现技术.《中文信息学报》第6期：9-17.

王厚峰、梅铮. 2005. 鲁棒性的汉语人称代词消解.《软件学报》第5期：700-707.

王嘉龄. 1995. 优选论.《国外语言学》第1期.

王军. 2003. 间接回指的确认与语义网络激活扩散.《外语学刊》第4期.

王力平. 1993.语言的线性与语言的艺术.《天津文学》第2期.

王立梅. 2011. 间接回指的关联理论释义模式.《成功（教育）》第4期.

王勤学. 1990. 语言普遍性研究的两种理论.《外语教学与研究》第3期.

王文斌，熊学亮. 2008.认知突显与隐喻相似性.《外国语》第3期：46-54.

王银霞. 2010. 论隐喻的可及性.《齐齐哈尔大学学报》（哲学社会科学版）.第1期.

维特根斯坦. 1996.《哲学研究》.北京：商务印书馆.

武宁宁. 2001. 无语境条件下汉语词类歧义词的意义激活.《心理学报》第4期.

夏日光，吴文静，2011，认知凸显视阈下词汇隐喻选择研究——以余光中《乡愁》为例.《海外英语》第12期.

谢贤春. 2010. 英语作文自动评分及其效度、信度与可操作性探讨.《江西师范大学学报》.第2期.

谢亚军. 2009. 可及性：英语指称词语表达的认知阐释.《广东广播电视大学学报》第6期.

熊学亮. 1999.《认知语用学概论》.上海外语教育出版社.

熊学亮，翁依琴. 2005. 回指的优选解析.《外语教学与研究》第6期.

徐杰. 2001.《普遍语法原则与汉语语法现象》.北京：北京大学出版社.

徐赳赳. 2003.《现代汉语篇章回指研究》.北京：中国社会科学出版社.

徐立红，黄宁夏. 2009. 语篇指称可及性的主观识解.《长春师范学院学报》(人文社会科学版) 第5期.

徐烈炯，刘丹青. 1998.《话题的结构与功能》.上海：上海教育出版社.

徐通锵. 1999. 汉语的特点和语言共性的研究.《语文研究》第4期.

徐学俊，王文. 2010.《心理学教程》.武汉：华中科技大学出版社.

许宁云. 2005. 语篇回指博弈论.《外国语》第6期.

许宁云. 2010. 关于向心理论中过渡类型问题的探讨.《学术界》第2期：76-82.

许余龙. 2004.《篇章回指的功能语用探索：一项基于汉语民间故事和报刊语料的研究》.上海：上海外语教育出版社.

许余龙. 2008. 向心理论的参数化研究.《当代语言学》第3期.

许余龙，段嫚娟，付相君. 2008. 前瞻中心的排序对指代消解的影响———项向心理论参数化实证研究.《外国语》第3期：20-27.

闫坤如. 2008. 指称理论分析.《河池学院学报》第6期.

闫小斌，马秋武. 2007. 中国优选论研究十年.《外国语言文学》第2期.

邓昊熙. 2011. 优选论的基本理论框架及其自然哲学原理.《荆楚理工学院学报》第1期.

杨晨，曹亦薇. 2012. 作文自动评分的现状与展望.《中学语文教学》第3期.

杨国文. 1998. 自然语言生成研究的动态与方向.《当代语言学》第2期，11-14.

杨忠，张绍杰. 1992. 语言符号的线性特征问题.《外语教学与研究》，第1期.

姚婷. 2007.《焦点的形式及其意义分析》，载《江西省语言学会2007年年会论文集》.

尹邦彦. 1999. 英语零照应的类型与主要特征.《解放军外国语学院学报》第2期：15-18.

张德禄. 2001. 论衔接.《外国语》第2期.

张德禄. 2004. 从衔接到连贯-语篇连贯的解码过程探索.《外国语言文

学研究》，第4期.

张冬茉，李锦乾，姚天昉. 1998. 汉语自然语言生成的句子结构优化.《计算机工程》第7期：14-16.

张辉松，赵琼. 2008. 语言强调功能系统：强化及凸显.《湖北师范学院学报（哲学社会科学版）》第5期.

张建华，陈家骏. 2006. 自然语言生成综述.《计算机应用研究》第8期：1-3.

张亚非. 1992. 关联理论述评.《外语教学与研究》第3期.

张雁茹. 2007. 优选论的基本理论框架.《电大英语快讯》第1期.

张志伟. 2001. 从维特根斯坦的"语言游戏"说看哲学话语的困境.《中国人民大学学报》第1期：40-46.

章志光主编. 2002.《心理学》（第三版）. 人民教育出版社.

赵敦华. 2000.《现代西方哲学新编》.北京：北京大学出版社.

赵永坚. 2006. 指称的哲学理论探究.《长春工程学院学报》（社会科学版）第2期.

周红辉. 2010. 凸显与言语交际.《电子科技大学学报》（社科版）2010年第1期.

周慧先. 2005. 试析信息焦点及其句法表现手段《西南民族大学学报·人文社科版》第6期.

周继鹏. 1993. 自然语言生成中的知识表示.《微电子学与计算机》第11期：1-6.

周青宇. 2010. 语用学角度下的语言经济性探究.《安徽文学》第7期.

周树江. 2008. 论比喻性语言意义凸显的认知阐释.《北京第二外国语学院学报：外语版》第4期：58-78.

朱德熙. 1982.《语法讲义》.北京：商务印书馆.

朱红. 2010. 语义焦点与语言的历时演变——以上古汉语"我"、"吾"的分化为例.《南开语学刊》第1期.